富媽媽贏在會理財

變身富媽媽的六堂理財課

（原書名：富媽媽的五堂理財課）

江心苓◎著

序言

有一名窮的法國年輕人，以推銷裝飾肖像畫起家，在不到十年的時間裡，迅速躋身於法國五十大富豪之列，成爲年輕的媒體大亨。他就是巴拉昂。不幸的是他患了前列腺癌，於一九九八年在法國博比尼醫院去世。

臨終前，他留下一份遺囑。在這份遺囑裡，他把四・六億法郎的股份捐獻給博比尼醫院，用於前列腺癌的研究。他還說：「我曾經是個窮人，在以一名富人的身份跨入天堂的門檻之前，我把自己成爲富人的秘訣留在人世。這秘訣就鎖在法蘭西中央銀行的一個私人保險箱內，保險箱的三把鑰匙在我的律師和兩位代理人手中。誰若能回答『窮人最缺少的是什麼』，而猜中我致富的秘訣，他將能得到我的祝賀。我留在銀行私人保險箱內的一百萬法郎，將做爲他睿智揭開貧窮之謎的獎金，這也是我在天堂給予他的歡呼與掌聲。

這份遺囑在法國《科西嘉人報》刊登後，報社收到大量信件，有的罵巴拉昂瘋了，有的說《科西嘉人報》爲提升發行量在炒作，但是多數人還是寄來自己的答案。

這些答案五花八門，應有盡有。絕大部分人認爲，窮人最缺少的是金錢，窮人有了錢，就不再是窮人了。還有一部分人認爲，窮人最缺少的是機會；一些人之所以窮，就是因爲沒遇到好時機，股票漲停板前沒有買進，股票漲停板後沒有拋出，總之，窮人都窮在自己運氣不好。另一部分人認爲，窮人最缺少的是技能，現在能迅速致富的，都是有一技之長的人，人之所以窮，就是因爲學無所長。還有的人認爲，窮人最缺少的是幫助和關愛，每個黨派在上臺前，都給失業者大量的許諾，等到他們上臺後，卻沒有兌現自己的承諾。還有的人認爲窮人最缺少的是漂亮、是皮爾・卡登外套、是總統的職位、是沙托魯城生產的銅夜壺等等。

富豪逝世週年紀念日當天，律師和代理人在公證部門的監督下，打開了銀行內的私人保險箱，公開了他致富的秘訣：巴拉昂認爲窮人最缺少的，是成爲富人的「野心」。在所有來函者的答案中，有一位年僅九歲的小女孩——蒂勒，猜對了巴拉昂的秘訣。

爲什麼只有這位九歲小女孩想到窮人最缺乏的特質呢？

在她接受一百萬法郎的頒獎之日，《科西嘉人報》帶著所有人的好奇，問年僅九歲的蒂勒：「爲什麼妳想到是的野心，而不是其他呢？」

蒂勒說：「每次，我姐姐把她十一歲的男朋友帶回家時，總是警告我說不要有野心！不要有野心！我想，也許野心可以讓人得到自己想得到的東西。」

讀完這個故事的那天晚上，我失眠了。曾經對成功的渴望被這個故事從心底最深處喚醒，開始在我的心中燃燒。

第二天早上起床後，我對老公說：「我做了一個決定，我要成功！」

聽到我的話，老公說：「哦，很好！」

說完這幾個字，他似乎想到什麼，接著又說：「可是這麼多年了，妳看到我成功了嗎？」

我說：「你沒有成功，因爲你的觀念始終沒有變——你一直認爲自己只能是一個窮人。」

雖然我的話有些刻薄，老公卻一點也不生氣。他說：「觀念？即使轉變了又有什麼用？不要忘了妳是個女人，不是男人。」

聽到這句話，我真的很生氣，然而我一直忍耐著，沒有發火。我把這一則故事放在我老公面前。

「妳自己看一下吧！」我說。

老公看完故事之後，只說了：「好吧！希望妳成功。」

我聽得出來話中帶著一絲嘲笑的口吻。我只知道自己一定要成爲富媽媽，否則，會有更多人看我的笑話，也會有更多的人嘲笑我！

相信我，我一定會成功！相信妳，妳也一定會和我一樣成爲一個富媽媽！

目錄

第四堂　成爲富人的六個必修學分 79

人要自信，這是成功的必備條件！一個不相信自己的人，誰還會相信他！相信使一個人脫穎而出，甘於平凡將使自己變得普通。普通不是我們的目標，我們一定要追求卓越！

化，誰才是理財贏家。亞里斯多德說：「家政學是一門研究怎樣理財的技術。」

第一堂

窮人和富人的十一大觀念差異

貧窮是一種觀念，富有也是一種觀念。窮人和富人之間的差異，在最初的意義上，其實就是一種觀念差異，因觀念上的差異而導致習慣的不同；不同的習慣導致不同的行為邏輯，不同的行為邏輯帶來不同的結果，並因此為它們的主人刻劃下不同的人生軌跡！

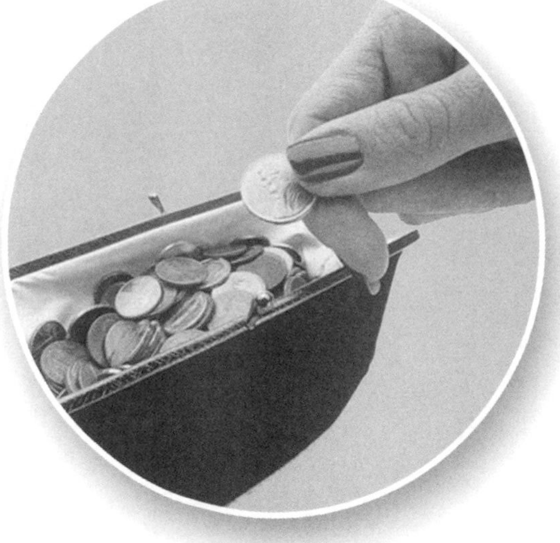

第一節　窮人和富人迥異的方法哲學

成功總是伴隨輕易而來——如果妳在一件事情上覺得困難，一定是哪裡出了問題。聰明人講究方法，普通人講求投入。

容易是對的，做任何一件事情，只要方法正確，妳就會覺得很容易。這便是準則：做任何事的時候，如果妳覺得很容易，那麼妳就去做它，它也會是對的；如果覺得困難，那一定有什麼地方出問題了。如果妳生活很緊張，那就意味妳過著一種很不簡單的生活。如果妳無法安眠、無法放鬆，那表示妳在追求一件很困難的事情，想完成一件不可能的任務。

這時，請改變妳的生活態度，因爲妳正走在錯誤的道路上。如果妳正確的開始，那麼妳會永遠都很容易；如果妳正確的開始，那麼妳永遠都會很自在——這就是準則，是妳生活的態度。

在妳看來是對的東西，對別人而言或許是不對的，這一點也要記住，因爲對妳而言很容易的事，對別人而言或許並不那麼容易。沒有一個適用於每一人的方法，我們都必須去找出適合自己的生活方式。不要盲目聽取別人的意見，因爲有些人想要將他們的原則強加在妳身上，這些人也許是敵人，也許是罪犯……

明白這點，妳會以一種很容易的方式生活下去，就好像小孩一樣，快快樂樂吃東西、高高興興的跳舞，能量洋溢，這一切都會很容易。我們不能成爲一個聰明而又不容易的人，因爲在一個不容易的生活當中，沒有智慧能夠開花。

我們要選擇做一個聰明而又容易的人。

愛因斯坦選擇對他而言最容易的，也是他最衷愛的科學事業。原因是他從小就深愛物理，他並沒有想要跟任何人比聰明，他只是忠於他的興趣，而且是自始至終。

做成任何事的第一步就是享受。J・K・羅琳挨在咖啡館的角落寫哈利波特的時候，她已經是在享受她的小說了，那種享受的滋味，並不是去外頭打工賺錢能得到的。當一個人在做他本該做的事，那就是他生命的中心。如果遠離自己的中心，生命就迷路了。只要能爲自己的天賦工作，就是對自己，也是爲世人最偉大的貢獻。

沒有所謂「爲富的造惡又壽延，受窮的爲善卻命短」。敢問富人他們何來富，窮人何來窮。我們問爲什麼，不是用來問別人，而是先從問自己開始。富人用自己的堅忍不拔和鍥而不捨換來一切，他們是先苦而後甜的；窮人則是「少時不努力，老來徒傷悲」的慣例，這是先甜而後苦。出生環境固然有別，但是在同樣的條件下，還是有人衝了出來啊！那些白手起家、小學文憑、幾億身家的又不是沒有，只是我們忘塵莫及罷了。窮與富並不是天定的，這是關於我們自己的事，是自己對生活的理解與態度所造成，所以不要怨天尤人，這一切都是自己應得的。

第二節　窮人和富人的十一大觀念差異

一、窮人甘願接受平庸，富人則會努力改變

窮人很少會想到如何去賺錢、如何才能賺到錢，認爲自己一輩子就該這樣平凡、這樣平庸，不相信自己的生活會有什麼改變。而富人深信自己生下來是要當富人，他有強烈的求富意識，這也是他血液裡堅持的信念。

二、窮人忙著休息，富人休息時也在忙

窮人的休閒很隨意，他們在家看電視，爲肥皀劇的劇情感動得痛哭流涕，有時還要仿照電視裡的時尙來武裝自己。

富人的休閒則具有明確的目的性，即使打高爾夫球也不忘帶著專案合約。

三、窮人喜歡跟窮人在一起，而富人則更願意與富人交朋友

窮人喜歡找窮親戚，窮人的圈子大多是窮人，也排斥與富人交往，久而久之，養成了窮人的心態，思維成了窮人的思維，行爲就是窮人的模式。大家每天談論著打折商品，交流著節約技巧，雖然有利於訓練生存能力，但眼界也就僅限於這些，漸漸囿於這樣的瑣事，而將雄心壯志消磨掉了。而富人則喜歡交更多的朋友，擴大自己的生活圈，開闊自己的眼界。

四、窮人學手藝，富人學管理

窮人沒錢讀書，學一門手藝養家糊口。但也有鑿壁借光、雪地夜讀的窮人，現在更多的是邊打工邊學習。富人學管理，也有很多學藝術和其他，還有一些不學無術的。

窮人從小就被教育要奮鬥，不勞而獲是可恥的，說實話，就算他們想不勞而獲也沒有條件，於是拼命奮鬥。窮人的上進，確切地說，就是前進到上一個階層，無論是收入還是地位，奮鬥目標都很具體。

要實現具體的目標，就得做具體的事情，一定得有極強的可操作性。窮人就學習有用的知識，選擇有用的專業，訓練有用的技巧，把一切不實用的東西都視爲閒事，通通排斥在生活之外，少管閒事多發財。

窮人也要讓孩子學音樂，那是爲了當歌星，歌星日進斗金啊！窮人也很重視讀唐詩，讀了唐詩好寫作文。下棋可以升段，彈琴可以考級，到了一定程度，都是一門手藝。商業社會就有這點好處，只要有一技之長，不愁找不到飯吃。

所有手藝都是訓練出來的，所以窮人從小就埋頭苦練，每天行色匆匆。只有富人才有資格閒散，古希臘爲什麼出了那麼多哲學家？因爲當時是奴隸制啊！富人吃飽了撐著，就去瞎想，就想出了名堂。

而現代的商業社會，凡是有想法的事情都可以變成錢，名堂越大，掙錢越多，結果還是富人走到了前面。

有錢的人越有錢，並不僅僅因爲他有資本。老天餓不死手藝人，但也只是餓不死而已。

五、窮人的時間不值錢，富人則按時間賺錢

窮人的時間是不值錢的，有時甚至是多餘的，不知道該怎麼打發，怎麼混起來才不煩。一個享受充裕時間的人不可能賺大錢，要想休閒輕鬆就會失去更多賺錢的

機會。如果妳會因爲買一斤白菜多花了一分錢氣惱不已，卻不會爲虛度一天的光陰而心痛，這就是典型的窮人思維模式。窮人的閒，閒在思想，他手腳都在忙，忙著麻將多摸幾把。而富人的玩也是一種工作方式，是有目的的。

一個人無論以何種方式賺錢，也無論錢掙多還是少，都必須經過時間的積累。富人的閒，閒在身體，修身養性，以利於戰，腦袋一刻也沒有閒著。這就是富人的思維觀念。

六、窮人夢想能屬於某個組織，富人則忙著建立組織

窮人出身卑微，缺少安全感，就急切地希望自己從屬並依賴於一個團體，於是他把這個團體的標準視爲自己的標準，讓自己的一切合乎這個團體的規範，爲團體的利益而工作、奔波，甚至遷徙。對於窮人來說，在一個著名的企業裡穩定工作幾十年，由實習生一直做到高級主管，那簡直是美得不能再美的理想。而那些團體的管理者通常都是富人，他們總是一方面向窮人灌輸「團結就是力量」，如果你不從屬於自己的團體，你就一文不值。但另一方面，他們卻從來沒有停止過招兵買馬，

培養新人，以便隨時可以把你換掉。

七、窮人不敢冒險，富人喜歡冒險

窮人的經濟觀點是少用等於多賺，比如開一家麵館，報酬率是一〇〇%，投資五十萬，一年就淨賺五十萬，對於窮人來說很不錯了。窮人即使有了錢，也捨不得拿出來，即使下定決心投資，也不願意冒風險，最終還是走不出那一步。

窮人最終津津樂道的就是雞生蛋，蛋生雞，一本萬利。但是把全副希望建立在一隻母雞身上，畢竟是脆弱的。而富人的出發點是萬本萬利，同樣開麵館，富人會想，一家麵館需要的資本只有五十萬，如果有十億資金，豈不是要開二千家麵館？要一個一個管理好，得操多少心，累白多少根頭髮呀！還不如投資大飯店，一家飯店就足以消化全部的資本，哪怕報酬只有二〇%，一年下來也有二億利潤啊！

八、窮人沒有熱情，富人則熱情洋溢

一個人能不能成大事，首先要看他有沒有熱情。

窮人沒有熱情。他總是按部就班，雖然不出大錯，但也絕對不會做到頂尖。沒有了熱情就無法興奮，就不可能全心全意投入工作。大部分窮人不能說沒有熱情，只是要看他的熱情消耗在什麼事情上：上司表揚他，他會激動；商店打折，他會激動；電視劇裡破鏡重圓了，他的眼淚會一串串往下流，窮人有的只是一種情緒。富人是「燕雀安知鴻鵠之志」、「王侯將相，寧有種乎」。有這樣的熱情，窮人終將不是窮人！熱情是一種天性，是生命力的象徵，有了熱情才有靈感的火花，才有鮮明的個性，有了人際關係中的強烈感染力，也才有解決問題的魄力和方法。

九、窮人缺乏自信，富人永遠自信

窮人的自信來自武裝，要透過一身高級名牌的穿戴和豪華的裝飾，才能給他們帶來更多的自信。富人的自信則是自然形成的，香港首富李嘉誠在談到他的經營秘訣時說：「其實也沒什麼特別的，光景好時，絕不過分樂觀；光景不好時，也不過度悲觀。」這就是富人特有的自信。不被外界的壓力所左右，才可能有正確的決定。

十、窮人在壓力面前低頭，富人則把壓力變成動力

有個故事說，一個富人送給窮人一頭牛。窮人滿懷希望開始奮發。可是牛要吃草，人要吃飯，日子難過。窮人於是把牛賣了，買了幾隻羊，吃了一隻，剩下來的打算用來生小羊。可是小羊遲遲沒有生出來，日子過得艱難極了。於是窮人又把羊賣了，換成雞，想讓雞生蛋，賺錢維生。但是日子依然沒有改變，最後窮人把雞殺了，希望也落空了。

理想徹底崩潰，這就是窮人的習慣。據一名投資專家說，富人成功的秘訣就是：沒錢時，不管多困難，也不要動用投資和儲蓄，壓力會使你找到賺錢的新方法，幫你還清帳單。

十一、窮人買名牌是為了滿足，富人買名牌則是為了省時間

窮人買名牌是爲了體驗滿足感，最喜歡剛上市的流行時尚產品，相信貴的必然是好的。而富人買名牌是爲了節省挑選細節的時間，與價錢相比，他們更在乎產品的品質。

第三節　「富人區」的故事

有這樣一個故事。在洛杉磯，一位美國朋友開車帶著名作家馮驥才去看「富人區」。

「富人區」顧名思義就是有錢人的聚居地。美國人最愛陪客人看富人區，好似在觀賞風景。到那兒一瞧，優雅、寧靜、舒適的環境，有如人間天堂。馮先生忽然問他的朋友：「你們看到富人住在這麼漂亮的房子裡，會不會嫉妒？」

馮先生的美國朋友驚訝地看著他，說：「嫉妒他們？爲什麼？他們能住在這裡，說明他遇上了一個好機會。如果將來我也遇到好機會，我會比他們做得還好！」

這便是標準的「老美」式回答。

後來馮先生去日本，同樣參觀一處富人區。

日本的富人區小巧、幽靜而精緻，每座房子都像一個首飾盒，美不勝收。馮先生又忍不住問日本朋友：「你們看到富人住著這麼漂亮的房子，會嫉妒嗎？」

日本朋友稍稍想了想，搖搖頭說：「不會的。」繼而又解釋道，「一個日本人見到別人比自己強，通常會主動接近那個人，和他交朋友，向他學習，把他的長處學到手，再設法超越他。」

「噢！日本人眞厲害。」馮先生想。

後來，馮先生的一位中國大陸朋友去看他，閒談中說到他們的城市發展如何快，已經出現國外那種「富人區」了。

馮先生無意中再次想到同樣問題，便問他：「有沒有人去富人區參觀呢？」

「有呀！常有人去看。但不能進去，只在門口探一探頭而已。」馮先生的大陸朋友說。

「會不會嫉妒呢？」

「嫉妒？」他眉毛一揚，「何止嫉妒，恨不得把那些傢伙宰了！憑什麼他們就能住進『富人區』？」

三種不同的觀念帶來不同的心態，妳或許會說這是醜化中國人形象，但妳不能否認有很多中國人是這麼想的吧！嫉妒心一旦占了上風，哪還有心思去留意身邊的機會，哪裡還會虛心向能者學習，吸收別人的成功經驗？

第四節　乞丐的故事

一個已經失去一條左臂的乞丐來到一戶人家乞討，這家女主人要求乞丐幫她把前院的一堆磚搬到後院，便會給他爲數不少的工錢。

這乞丐說：「難道您不可憐我嗎？我已經失去了一條手臂呀！」

「可是你還有一條手臂呀！」

爲了得到那數目不少的工錢，乞丐咬牙，忙了起來。過了一個時辰，他終於把磚全部搬到後院，女主人如數給了工錢。

乞丐問道：「還有什麼可以讓我做的嗎？」

「那請你把這些磚再搬回前院吧！我會再付相同的工錢給你。」女主人說。

乞丐非常詫異，「這是爲什麼呢？」

女主人說：「其實這些磚放在前院、後院都是一樣的，我只是不想施捨一個還有一隻手的人」。

乞丐明白了女主人的用意，多年以後，他擁有了自己的公司……

故事中的女主人非常令人敬佩。很多乞丐只是精神上的乞丐，並不是物質上的乞丐。如果一味施捨金錢或者物資給他們，那麼乞丐也許永遠都只是一個乞丐。

人窮並不可怕，只要是用自己的雙手辛勤耕耘，乞丐也有翻身的一天。相反的，俗話說「富不過三代」，也是不無道理。富人家的子女往往從小養尊處優，目中無人，實際身無所長，一旦失去依賴，家道就會敗在其手上。

窮媽媽的窮孩子看起來很可憐，但是許多偉人就出自貧窮的家庭；富媽媽的富孩子看起來幸福無比，但是他們的未來卻讓人擔憂。

第二堂

妳為什麼是窮人？

俗話說，人窮志不窮，可是窮人無法志不窮，因為人窮就必然會受制於人，迫於生計，很多時候只能妥協，而這一妥協又埋沒了自己的才華，錯過了發展的機會，從而永遠施展不了自己的才華，最後只好隨波逐流，一直窮下去。窮人很難有長遠的眼光，窮人是很難長大的，窮人是可悲的。

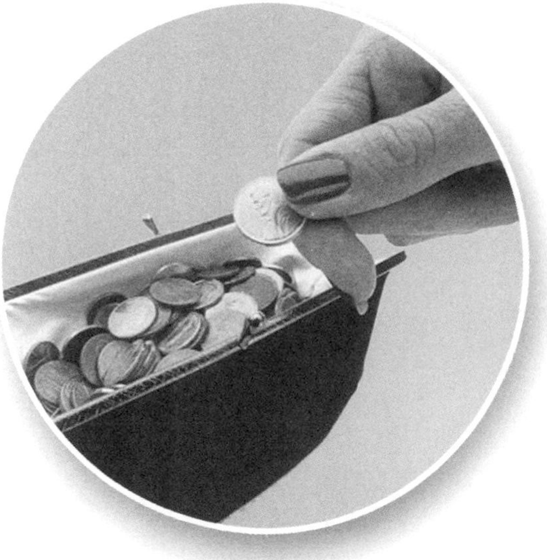

第一節　窮人爲什麼那麼窮

窮人爲什麼會窮呢？我們不能否定大環境的影響，可是窮人的心理也阻礙了他們適應社會的潮流。

因爲窮，大多數人總感到與社會格格不入。害怕變化是窮人最大的心理障礙，直到如今，仍有絕大多數人未從時代變化中醒悟過來。他們依舊很迷茫，沈浸在原來的世界裡，最終無法突破固守了幾十年的心理防線，躲在角落裡自憐自艾，自輕自賤，甚而爲了維護那張虛僞的面目，高聲詆毀所有的體制，和自己看不慣的一切東西。

以下三大性格缺陷也是造成貧窮的主要原因。

第一是自卑。這是由於貧窮產生的自我中心，生活在自我圈子裡的自憐狀態。這種狀態是可怕的，也是可悲的。

第二是懶惰。習慣於等待時來運轉，得過且過，當一天和尚撞一天鐘。

第三是虛榮心。這是因爲貧窮產生的一種心理扭曲狀態，一種反常的表面主義。例如，別人戴了鑽戒我也要戴，沒錢買眞金的，就來一枚鍍金、鍍銅的也氣派。窮人們往往在這些表面功夫浪費了大量的時間和精力。

大多數窮人碰到困難停滯不前，往往選擇一條最容易走的退縮之路。

他們似乎很善於玩弄知難而退，因爲他們認爲承受現實的鞭撻和生活的煎熬，要比退縮艱難得多。而當看到別人匍匐前進、艱困而行，最終達到成功的頂峰，他們就失落了。但他們還是找了一條自以爲適當的理由：成功難嘛！命運之神就是垂青別人，機會的天使也眷顧別人。當然，窮人們不是沒行動過，但他們的行動卻是一時興起，無法恒久。成功難，不成功更難，那種內心的煎熬和麻木的心靈狀況，其實比走在成功路上要痛苦得多。

窮人之所以會窮，是因爲他們習慣於貧窮。貧窮者中當然也有許多精神富翁。

他們常說道：「人一輩子有吃、有穿就可以了，攢那麼多錢，死了又帶不進棺材。」此話也有幾分道理，我想，如果那些大企業家都這樣想，我們又將回歸到被強國欺凌的歷史裡去了。攢錢並不是富人的主要目的，有了企業就多了一份責任感，因爲企業經營的是一份事業，供應了大多數人的衣食。如果他們僅僅爲了自己的舒適生活而拍拍屁股一走了之，那將有多少人流離失所，要在茫茫人海中另尋出路。企業家其實要承受很多，他們的價值觀不是私利性的，而是社會性及公益性的。他們有些近乎偉大，也許這就是社會責任帶給他們的一種生活品味吧！

第二節　窮人固有的兩大習慣

習慣一：得過且過

有一個窮人生活非常窘迫，一個富人見他可憐，就起了善心，想幫他致富。富人送給他一頭牛，並叮囑他好好墾荒，等春天來了撒上種子，秋天就可以遠離窮困了。

窮人滿懷希望開始奮發。可是沒過幾天，牛要吃草、人要吃飯，日子比過去還難。窮人就想，不如把牛賣了，買幾隻羊，先殺一隻吃，剩下的還可以生小羊，長大了拿去賣，可以賺更多的錢。

誰知道吃了一隻羊之後，小羊遲遲沒有生下來，日子又艱難了，忍不住又吃了一隻。窮人想，這樣下去不得了，不如把羊賣了，買成雞，雞生蛋的速度要快一些，雞蛋立刻可以賺錢，日子馬上會好轉。

窮人的計畫又如願以償了，但是日子依舊艱難，他忍不住殺雞，終於殺到只剩一隻雞時，窮人的理想徹底崩潰。他想，致富是無望了，還不如把雞賣了，打一壺酒，三杯下肚，萬事不愁。

春天很快到了，發善心的富人興致勃勃送種子來，赫然發現窮人正就著鹹菜喝酒，牛早就沒有了，房子裡依然家徒四壁。他立刻明白怎麼一回事，轉身走了。

很多窮人都有過夢想，甚至有過機遇，有過行動，但要堅持到底卻很難。他們缺少的是毅力，缺乏的是恒心。

就好比這窮人，他很窮，但是富人願意幫助他；他也想過要用這頭牛來掙錢，可是他缺少毅力，最終導致坐吃山空，還像原來一樣的窮。他養成了過一天是一天的習慣，沒有考慮到長遠的利益。就像我們前面說過的那樣，成功投資者的秘訣就是：沒錢時，不管再困難，也不要動用投資和積蓄；壓力會使你找到賺錢的新方法，幫你還清帳單，這是個好習慣。

有人說：「命好不如習慣好，警覺是智慧的開端，如果沒有好的習慣，事業就很難成功；假如你沒有壞習慣，事業也是很難失敗的。」

習慣二：輕言放棄

有一個「猴子掰玉米」的寓言，說的是猴子在玉米田裡收成，剛掰下一個，覺得後面的更好，就扔下手裡的，去掰另一個；另一個到手，覺得還有更好的，到手的又扔掉，去掰那個「更好的」。不知不覺走到玉米田的盡頭，天色已晚，只得慌慌張張隨便掰一個，回去一看，恰恰是個長蟲的玉米，也只好將就了。

我們都會笑那個猴子太傻，可是換了妳，又會怎樣？

猴子犯傻是有客觀原因的，手裡的玉米是不是最好，並不那麼容易判斷。只有一個玉米時，妳會剝開來細細觀察；兩個玉米，妳會放在一起比較；滿眼的玉米，妳就分不清誰是誰了。高矮胖瘦相差無幾，一律搖曳生姿，掰了這個就要放棄那個，妳到底要誰？

其實真正的機遇是很少的，人一生中可能就只有一兩次。

我們都熟悉一條組織原則——少數服從多數。但是實際上，生活中很多的「多數」意義並不大，反而是少數在決定著事物的發展。一名將軍的某一個念頭，可能左右一場戰爭的勝敗，從這層意義來看，很多人的血是白流的。

窮人創業，往往不是沒有賺錢的機遇，他們也有過輝的前景，做什麼都順。然而，當那一陣高峰過後，許多人便開始煩躁，一心想創造新的輝煌。於是大量的精力用於開拓，原來賺錢的事反而顧不了，時間一長，自然荒廢。

並不是所有的付出都能得到相對的回報。人生就是這樣不公平。

所以把一件事情做徹底，是成功的一條捷徑。人一輩子大量的活動其實都只是打基礎，眞正起決定作用的就只有幾次。當妳手上抓住一個機遇時，再難也不要鬆手，也許完成這件事，就奠定了一生的價值。

重要的不是決定要做什麼，而是決定不做什麼。不做什麼是爲了等待那要做的什麼，一旦決定要做，就一定把它做徹底。

很多人現在正對著手中的「牛」發愁，不知道如何是好，努力！牛要吃草，自己要吃飯；不努力！牛遲早要被吃掉。更有甚者，整天愁眉苦臉，守著自己的那頭牛發呆，有的今天想在牛背上挖塊肉，明天想在牛尾巴上刮點皮，這樣下去，這頭「牛」終究會消耗殆盡，到時就會像前面的窮人一樣一貧如洗，只能就著鹹菜，「三杯下肚，萬事不愁」。

第三堂

金錢觀決定「錢途」

妳是富人還是窮人？如果妳是窮人，那麼妳為什麼會窮？其實窮並非妳的錯，只不過是妳的金錢觀出了問題。窮人崇拜金錢，富人則會利用金錢。其實窮與富的根本差異，在於人們對於金錢的態度。試著改變一下自己對金錢的觀念和態度，也許妳就能成為富人。

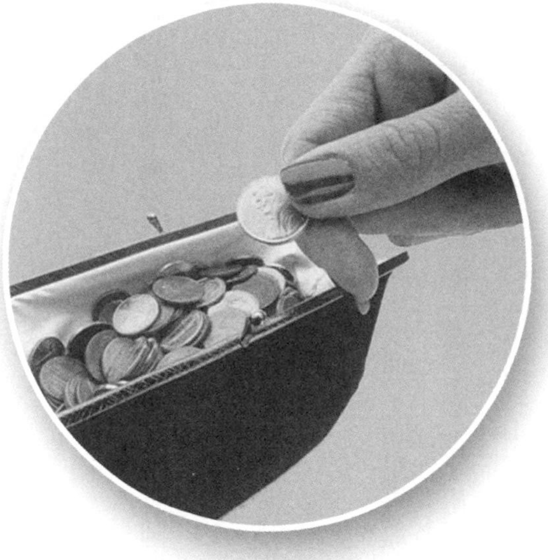

第一節　不要讓金錢抹煞了心靈

貧窮是一種罪惡

佛陀在世的時候，每天實行乞食的生活。阿難是佛陀的隨身侍者，一次，又和佛陀去乞食。走到水溝旁的時候，佛陀忽然回頭對阿難說：「阿難，毒蛇！」阿難一看，說：「毒蛇！世尊。」他們就走了過去。那時，有父子兩人在田間工作，聽說有毒蛇，就跑過來看。不看也罷，一看，兩人有說不出的歡喜。哪裡有毒蛇！溝旁土裡露出的，是一罈黃金。於是父子倆歡天喜地的，把黃金搬回家去。

他們先取一塊去金鋪裡兌換。金鋪見他們是窮人，心裡起了懷疑，暗暗去報告官府。一會兒，官府便把父子倆捉去，再到家裡去搜索，收藏的黃金被搜了出來。審問之後，判定父子盜取國王財物的罪名。當時是波斯匿王時代，法律上說，凡藏於地下的，都歸國王所有。父子兩人就以這個罪名被判死刑。在刑場上，父親忽然想起，對兒子說：「阿難，毒蛇！」兒子一想，比丘說得眞不錯，現在是爲黃金毒蛇所害而即將命喪黃泉，也就望著父親說：「毒蛇！世尊。」監斬的是一位佛陀弟子，聽了他們的話，覺得稀奇，就去報告波斯匿王。國王聽了，要父子兩人回去，說明這兩句話的由來。父子於是把在田間遇到的事情說了一遍。國王知道這是佛陀與阿難說的，對他們說：「這是佛陀的開示，現在你們信不信佛陀的話呢？」父子回答說：「眞是毒蛇，害得我們喪命，怎能不信呢！」波斯匿王因他們信佛，就把他們放了。

這個故事，說明了金錢是萬惡的，它使人墮落、作惡，喪失生命、抹煞了人的心靈。多少人爲金錢而犧牲，世上多少罪惡、苦難，不是從金錢而來？這是近於小乘佛教的見解。

從另一面說，把財富應用得當，是可以利益衆生的。佛法要我們修福，修慧，如把財富用來佈施行善，便是成佛的福德資糧。什麼叫資糧？如旅行時，非預備旅行資具、糧食、舟車等不可。我們如發心學佛，也非有資糧不可。如以財富佈施，便是修集福德，爲成佛的資糧。那麼應用財富而得當，不是最有意義的嗎？所以佛法對於財富，絕非一味的厭惡它，視爲毒蛇。財富是毒蛇，同時也是資糧，端看妳怎樣處理它！

上面的故事，目的在於讓我們認識金錢。佛家並不反對金錢，也就是說，貧窮，不是佛法！如果大家都崇尚貧窮，極樂淨土的七寶樓閣、黃金鋪地的莊嚴世界由誰來完成呢？實際上，貧窮本身就是一種罪惡。

「齊人攫金」的故事

整天想金子快要想瘋的齊人，一大早起來，就打扮得衣冠楚楚，正人君子一樣的到了銀樓方，搶了人家的金子就跑。官吏抓住他之後問他：「那麼多人在那兒，你怎麼就搶人家的金子呢？」

齊人回答得非常精彩、非常直率，可是讓人哭笑不得：「我搶金子的時候，眼裡只有金子，沒有看到人的存在。」

我們平時說「一葉障目，不見泰山」，而這位齊人卻是「一金障目，不見眾人」了。

「漢世老人」的故事

《笑林》中有一「漢世老人」的故事。

生來就節儉、吝嗇的漢世老人，家裡很有錢，又沒有兒女，真可謂守財奴的典型。他粗布短衣，粗茶淡飯，但是生命不息，聚財不止，天一亮就起來耕作，生怕耽誤了時日；天一黑就躺下睡覺，擔心浪費了燈燭。他兢兢業業、小心翼翼管理田產，從來沒有滿足過，永無止境地聚斂財富，即使是這麼有錢了，但是從來捨不得自己花一分錢。

當有乞丐向他行乞的時候，他實在沒有辦法，就回屋裡取出十個小銅錢兒，從屋裡出來時，還走一步就減一個小錢，等他走到屋外，手裡只剩下五個小錢兒了。五個小錢兒也痛得他閉上眼睛才能施捨給乞丐，施捨之後仍不罷休，尋思後不忘叮囑：我把家裡所有的錢財都周濟你了，千萬不要告訴別人，不然的話，他們也和你一樣，要來向我乞討的！

就是這樣一個既節儉又吝嗇的老人，死了以後田產房宅被官府沒收，財物和金錢全部上交給國庫。

不要掉進「錢眼兒」裡的石油大王

我們只能讓金錢爲我們所用，不能讓金錢矇住了雙眼。我們需要金錢，但金錢並不是我們的全部，我們只有正確地運用金錢，才能看到自己，也看到他人，否則，眞的「掉到錢眼兒裡」，我們就只剩下自己，成爲孤家寡人了。人們都知道美國石油大王洛克菲勒是個著名的慈善家，但很少有人知道洛克菲勒也曾被薄薄的一層銀子矇住了雙眼。

洛克菲勒出身貧寒，創業初期不但勤勞而且肯幹，人們都誇他是個好青年。可是當他富甲一方時，開始變得貪婪、冷酷，賓夕法尼亞州油田地帶的居民深受其害，對洛克菲勒恨之入骨。洛克菲勒的前半生在衆叛親離中度過。當他五十三歲時疾病纏身，人瘦得像個木乃伊。醫生們向他宣告了一個殘酷的事實：他必須在金錢、煩惱、生命三者中選擇一個。這時他才領悟到，是貪婪的惡魔控制了他的身心。他聽從了醫生的勸告，退休回家，開始學打高爾夫球，去劇院看戲劇，還常常跟鄰居閒聊。他開始過著與世無爭的平淡生活。後來，洛克菲勒考慮如何把巨額財產捐給那些需要幫助的人。密西根湖畔的一所學校因債即將倒閉，他馬上捐出數百萬美元，促成了如今的芝加哥大學的誕生；北京著名的協和醫院，也是洛克菲勒基金會贊助而建成的；甚至聯合國辦公大樓的地皮也是他捐贈的。除了這些以外，他還創辦了很多的福利事業，熱情的幫助黑人，從此，人們開始用另一種眼光看待他。

洛克菲勒的前半生被金錢矇住了雙眼，後半生千金散盡，才重返生命的正道。他一生至少賺進十億美元，捐出的就有七億五千萬。他用一生的時間才找回曾經丟失的價值，那裡有用金錢買不到的平靜、快樂、健康和長壽，以及別人的尊敬和愛戴。做到這些，享年九十八歲的洛克菲勒沒有遺憾了。

我們不應該像洛克菲勒走一生的彎路去尋找生命的眞諦，我們只要不遠離生活中的眞善美，不被金錢蒙蔽了雙眼，世界就屬於我們。而那顆不被銅臭玷污的心，就會如同天上的明月晶瑩剔透，與美麗的世界交相輝映。

拿破崙・希爾（注）說，一個「數百萬元」不是正確的目標。對許多人而言，這樣的目標會產生緊張壓力。他們可能放棄天性所需要的東西，結果一事無成。

曾經有一個人大老遠從印度搭乘飛機來見希爾。他之前已經寄出一封信，信上說他要累積一百倍於亨利．福特的財富。

在希爾的書房裡，希爾告訴他：「一個人擁有一千億元會對世界形成威脅。假如你想要將這麼一大筆錢，花在幫助印度人民克服束縛他們好幾個世紀的迷信和過時的習俗上，我贊同。但現在看來，你的目的似乎只是要超越亨利．福特。」

那個人想了一下，承認的確如此。經過具體討論之後，他瞭解到原來一百萬元的四分之一就能購買他所眞正需要的東西——而且能讓他得到寧靜的心靈，而不是數不盡的緊張和壓力。

這個故事的結局有個驚人的巧合。這人回印度以前，希爾幫他擔保了數份合約，供他在自己的國界販賣美製產品，此人的獲利正好是四分之一百萬多一點。

一個人究竟需要多少錢？

多到能使妳和妳所愛的人得到妳們認爲眞正快樂、舒適的生活，如此才會嚐到人生之樂。

記住，錢可以買很多東西，但買不到心靈平靜，它只能幫助妳獲得心靈平靜。致富是與心靈平靜有關，卻不是絕對的條件。窮人當然也有心靈平靜，但是遠遠比我們想像的要少。妳不需要是個百萬富翁，但妳若沒有足夠的錢，便無法推動許多生活中維持精神部分的東西。假如妳一直擔心著下一餐從何而來、何時才有錢買新皮鞋、如何支付醫療費、房子現有的裝修還能維持幾年，妳便不會有心靈平靜。

但是，如果一味沈迷於貪欲，讓金錢抹煞了心靈，妳同樣得不到心靈平靜。一個人積累財富若僅僅爲了自己，那麼他很可能會沈溺於貪欲。

湯姆士・愛迪生說：「我所做的每一項發明，沒有一樣不是基於它可能帶給人們的便利來考慮。」

亨利・福特說：「對於每一部我們所賣的車，我們考慮的不是它能給我們帶來的利潤，而是它提供給購買者的有用服務。」

福特終生奉行這項原則，使他成爲富足的人。他發揮無私的企圖心，一生過得心安理得。

要成功，就要有企圖心，企圖心不足，將會怯懦不前；野心太大，則容易變成自私與貪婪，永遠得不到內心的平靜。

第二節　妳是錢的奴隸，還是錢的主人？

每一個人都想成爲金錢的主人，妳越早那樣做，結果就會越好，金錢就是這樣強而有力；不幸的是，大多數人都在用金錢的力量對付自己。假如妳的財富智商很低，金錢就會比妳更精明，它會從妳身上溜走。如果妳沒有金錢精明，那麼妳將爲之工作一生了。

想成爲金錢的主人，就應該把自己變得比金錢更精明，只有這樣，金錢才能按照妳的要求來辦事，也會認眞的服從妳，這樣妳就成了金錢的主人，而不是它的奴隸。這就是財富智商。

妳沒有錢，不能成爲金錢的主人；可是有了錢，還不一定會成爲金錢的主人。所以說，人——不管是窮人還是富人，一定要做金錢的主人，而不是它的奴隸。

錢沒有對，想賺錢也沒有錯，端看妳如何賺錢，如何花錢。

很多人都以爲自己擁有了金錢就擁有一切，可是很多億萬富翁看似擁有一切，卻不知什麼是人生的基本要素，因爲他們沈溺其中，成爲金錢的奴隸。

大家經常視金錢爲成功的指標，可是成功不僅是賺錢。以金錢爲成功的目標，讓許多人在追求成功的過程中毀了自己，也毀了別人，終至迷失方向，失去了那些使自己人生可以過得更有樂趣、更有意義、更有價值的東西。

所以，我們要學會從錢的奴隸轉變成錢的主人。

錯誤的金錢觀不是錢本身出問題，而是由於對錢的看法出了問題。

數年前，發生過這樣一個眞實的事情。一個賺了數千萬元的人突然破產，當法院開始點收他的資產時，發現一間堆滿珍貴古董傢俱、昂貴而華麗的圖書等物品的倉庫。這些物品都屬於那個破產的人，而且都是他用巨額現金買來的，但是他享受過它們嗎？那些珍貴物品大多數還不曾拆封！然而，和其他人聊天時，他一直把這些珍藏掛在嘴邊，讓別人以爲他是一個大富豪。

很少有人能夠眞正找到金錢與心靈的平衡點。可口可樂公司一位大股東在許多方面都賺了錢，他的財產總值約爲二千五百萬美元。然而他卻總是疑心政府會讓他死於貧窮。

這名大富翁問身邊的朋友：「假如你處在我的地位，你要怎麼護衛自己的心靈平靜，同時保有財富呢？」

他的朋友這樣回答：「假如我處在你的地位，又要使自己心靈平靜的話，我就不會保留我的錢。因爲你的心靈平靜和你的財富已經變成無法並存的敵人。假如我是你的話，我會將我所有的錢兌換成美國儲蓄債券，如此它便能用來造福所有的人。接著我會將所有的債券丟入壁爐中燒掉。當我看著我的錢成爲裊裊輕煙時，我也將看著自己的不快樂被燒掉。」

大富翁厲聲地說：「請不要開玩笑！」

「我現在再正經不過了。」他朋友回答，「假如我擁有你的財富，而它卻剝奪了我的心靈平靜，我首先會把錢放在能夠善於分配它的地方，接著我將燒掉每一張政府欠我錢的債務象徵。然後我會上床熟睡得像個孩童般，並在寧靜又自由的感覺中醒來。」

那位股東有足夠多的辦法讓自己和他人快樂時，卻表現出一種莫名的恐懼和懷疑態度。直到他死的那天，都生活在恐懼和痛苦中，世人相信長久糾纏著他的疾病和衰弱的根源，就在於他對金錢的態度。

第三節　什麼是財富？

什麼是真正的財富？

什麼是財富呢？人們只是一味的追求金錢上的財富，忽略了豐富的知識、健康的人生、幸福的家庭也都是珍貴的財富，而金錢只是物質上的需要。

金錢是財富，可是財富卻不僅僅是金錢。因爲知識也是財富，它使人明智。而經歷也是財富，它使人成熟。如果妳失去的只是錢財，那麼妳只失去了一點；因爲如果妳失去了健康，那麼妳失去的更多。而假如妳失去了勇氣，那麼妳就失去了全部。很多東西都可以是財富，就看妳是否看重它。學生追求的財富是豐富的知識，在學校裡，學生只有學習更多的文化、更多的知識，才能促進自己的進步；身處資訊時代，如果妳沒有一定的知識和水準，以後的生活會很難過，也很難找工作，所以學生要好好的學習。健康的可貴就更不用說了，一個人整天都倒臥病榻，那人生還有意義嗎？

每個人都希望有一個幸福、溫暖的家庭，但是，有的父母每天只爲了掙錢，不去管家裡的事情，任由孩子到處去玩。孩子是需要父母親關心的，母愛最偉大。愛，聯繫人與人心靈的紐帶；愛，人間最貴寶的財富，誰不渴望得到它。在妳得到愛的瞬間，最好將這份愛的重荷，化爲責任的欣慰承擔。如果一個人，一生中都沒有一兩個知己或朋友，那麼他的一生就等於虛度。有許多知己朋友與妳共同分享快樂和憂愁，妳的一生就會過得充實。所以朋友也是寶貴財富。其實失敗也是一種財富，因爲妳不但透過它磨練了自己，而且又一次體會到稟性堅韌的寶貴價值。

財富是對追求者執著精神的獎勵，是對所承受風險的補償，是對遠見卓識和敏銳感知的回報，更是對研究財富和追求財富的認同。

所以當一個擁有財富的人站在某個時空中的一定高度時，他詮釋的是堅韌不息、智慧和學識，也是對自我的不斷超越和對信念的堅定不移。

什麼是財富呢？什麼樣的人才算是富人呢？也許大家並沒有認眞的想過。

財富是存摺？股票？汽車？房產？是的，沒錯，這些屬於財富。

可是除了這些之外呢，還有別的嗎？

其實，隨著現代生活的豐富多彩，人們對財富的理解已遠不止這些了。有越來越多的人意識到時間、健康、知識、資訊、家庭、信譽、友誼、閱歷等等，也都是同等寶貴的財富。

對一個人來說，財富是與生俱來的，它包括時間、健康、家庭、親情等（不過也包括一些富家子弟生來就繼承相當多的有形財富）。其實大多數人在人生道路上所做的，不過是財富的交換而已，即，用自己的時間、健康等無形財富來換取金錢、汽車、房產等有形財富。不過，越往後妳會發現到，時間、健康、親情、友情等最初曾經擁有的財富，隨著時代的進步，它們變得越來越匱乏、越來越寶貴，可是金錢、房產、汽車等過去曾經努力追求的東西，越來越不重要，也許到後來，妳甚至不得不用相當多的金錢來買時間、買健康。

當一個人擁有的鈔票達到一定厚度時，眞正能花掉的，也就是最上面的幾層，其餘大部分不但是自己不能花也花不掉的，而且，妳還需要花精力千方百計來保值、增值。

沒錯，金錢已不再是能涵蓋財富的概念，倘若妳有機會和那些手持億萬美元的風險投資者聊聊，那麼妳會常聽到他們調侃自己的一句話：「我什麼都沒有，窮得只剩下錢了！」那些風險投資者尋尋覓覓在找什麼呢？其實在他們眼中，金錢並非財富，只有具備市場前景的專案、值得合作的管理團隊、擁有專利的實用技術等，才是眞正的財富。

從前，企業所有者眼中所謂的財富僅限於資產負債表上的數字，可是現在，越來越多人認識到，對於企業而言，企業家是一種財富，精誠團結的管理團隊是財富，久負盛名的品牌是財富，長盛不衰的企業文化也是財富。而在資產負債表上的機器、廠房和現金，這些也許不再是絕對重要的財富了。這也讓人們懂得，無形的財富是同樣難得和寶貴的。

最近幾年來，全球性的金融醜聞引發了許多省思。過去工業化時代，對財富的理解主要落在現金等有形資產上，而隨著虛擬經濟的發展，許多隱形財富也越發重要。例如，金融衍生性商品等業務雖不計入帳冊，可是在企業整體價值中的作用非同小可，更不用說人力資源和企業文化等軟性財富了。隨著資訊時代的來臨，財富、價值、資產等概念正發生著前所未有的異化。身爲企業，有形財富總在年復一年地折舊，而無形財富卻大多日漸升值。同樣的，身爲個人，我們難道不應該更加注重那些無形財富的保值、增值嗎？有些人選擇金錢而放棄信譽，這不過是一種短視的算計，其實他做的是一筆賠本的買賣。隨著時間的推移，不久妳就會發現，信譽是多麼的難得，而金錢卻總在貶值。

財富是每個人都需要的，可是大家有沒有想到，自己的財富目標是什麼呢？

妳的財富目標是什麼？

在開始走向財富之前，應先問一下妳自己：我的人生目標是什麼？我的財富目標在哪裏？

設定明確的目標，是所有成就的出發點，九十八％的人之所以失敗，就在於他們從來都沒有一個明確的目標，並且從來沒有邁出他們人生的第一步。這樣的人生不免有些遺憾。

當妳研究那些已獲得財富的成功人士時，妳會發現，他們各自有一套明確的目標，目標引導人的行動走向成功。他們訂出達成目標的計畫，並且盡最大的努力來實現目標。

安德魯·卡內基原本是一名鋼鐵工人，但憑著製造及銷售比其他同行更高品質鋼鐵的明確目標，成爲富可敵國的鋼鐵大王，並且終生共捐獻了五億多美金，在全美國小城鎮中建立數以百計的圖書館。從一無所有到一無所缺，這明顯是目標的強大作用。我們必須有明確的目標，從生命的本身去學習，世上的財富等著我們去汲取。

不要依賴別人指引妳，妳才是掌握方向盤的人。要把握住自己的方向盤，在妳前往財富與幸福的旅程中，道路會隨著妳的前進而變得更爲平坦寬闊。最終妳將會發現在心靈深處，原來隱藏著數以萬計的財富。那就是一個大驚喜。

美國著名教育家兼牧師——已故的法蘭克·甘梭羅士，他的傳道事業是從芝加哥的畜牧區開始的。

甘梭羅士念大學時，發覺教育制度有多項缺失。他深信如果自己當校長，一定可以把這些缺失糾正過來，於是下定決心籌組一所新大學，實現自己的理想，不必受制於傳統的教育方式。

他要到哪裡去籌實現計畫需要的錢呢？這個問題一直盤據在他心頭，困擾著這位雄心勃勃的牧師。每個夜晚，這個念頭隨他入夢。早晨，他一醒來，心頭便想起了這件事，無論走到哪裡，念頭總是如影隨形地跟著他。他不停地反覆思索，到後來，成爲其行動的「唯一意念」。

甘梭羅士承認，就和任何成功的人一樣，「明確的目標」是起步的必要出發點。他也承認，當支持著目標的是一股化目標爲現實的熾烈欲望時，目標的明確性便會激發出熱情，促使他爲之而努力。

這些道理他都懂，但就是不知道如何取得建校的一百萬美元。在這種情況下，一般人很自然地就放棄了，並且說：「啊！算了，我的構想雖好，但離現實太遠，因爲我不可能籌到所需要的一百萬。」但甘梭羅士博士可不是這麼說的。

「一個星期六下午，我坐在房裡，思考著該如何籌錢以實現計畫。我有近兩年的時間都在思索這個問題，然而除了想以外，我並未採取任何行動。但這不表示我是『言語上的巨人，行動上的侏儒』。我會付諸行動的，是該行動的時候了！

那時刻，我立下決心，一定要在一週內獲得所需的一百萬。用何方法？我還不知道，關鍵是要在一定時間內獲得這筆錢的決心，而且就在我下定決心的一刹那間，一股強烈的信心立即襲上心頭，那是我從來不曾擁有過的。我內心好像有個聲音在說，『你爲何不早下此決定呢？那筆錢一直都在等著你啊！』

事情在我的預料中發生了。我打電話給一家報社，對他們說我第二天早上將要講道，講題是『如果我有一百萬』。

我立刻著手準備這場講道，但我坦白告訴你，這工作並不難，因爲我已經爲這場演講準備了近兩年時間了。

那晚，我早早寫完講道詞，然後上床，充滿信心地入夢，因爲我看到自己已擁有那百萬美元了。第二天早上，我起個大早，閱讀講道詞，然後屈膝祈禱，希望這篇講道詞能引起某位願意提供這筆錢的人士注意。

祈禱時，我再一次產生信心。我在興奮中走了出來，直到站在講臺上正要開口，才猛然發現忘了帶講稿。

我知道當時要回去拿講稿已太遲了，然而，來不及回去拿還眞是一項神蹟！由於沒有講道詞，我的潛意識遂能自動送出我所需的資料。開始講道時，我閉上雙眼，全心全意地述說我的夢想。我感覺自己不是在對聽衆說，而是對上帝說。我說，假如我手中有百萬美元，我就利用它來實現我的夢想。我描繪心中的計畫，就是要籌組一所優良的大學，教導學生實用的知識並發展其心靈。

一場慷慨激昂的演講完畢後，一個坐在倒數第三排的人，慢慢站起身，走向講臺。我心裡納悶他想做什麼。結果他伸出手說，『牧師，我喜歡你的佈道。我相信，假如你有一百萬，你一定會做到自己所承諾的事。爲證明我相信你，還有你的講道，如果明早你到我辦公室來，我就給妳那一百萬美元。我的名字叫菲力浦．阿莫爾。』

第二天早晨，年輕的甘梭羅士來到了阿莫爾的辦公室，得到那一百萬美元。他用那筆錢成立了阿莫爾技術學院，也就是現在聞名的伊利諾州技術學院。那必要的百萬美元便是來自於構想的結果，支持這個構想的，則是年輕的甘梭羅士在心中醞釀了將近兩年的目標。

這是一個事實：當他下定決心要達成目標，且決定了達成目標的計畫後，不到三十六小時，就得到這筆錢了。甘梭羅士想獲得一百萬美元的強烈念頭，並無任何新穎或特殊之處。在他之前或之後，許多人也都有過類似的念頭。但是他的不同之處在於，那個星期六，當他將那個他當時認爲不太現實的念頭具體化，且明確地說出，「我要在一星期內取得一百萬」！

甘梭羅士藉此獲得百萬美元的原則，至今仍然存在！妳也可以利用這個法則得到妳想要的東西！這個普遍的法則，至今依然如當初年輕教士應用它時一樣行得通。請注意法蘭克．甘梭羅士博士所具備的特質，那就是他瞭解一項驚人的事實，即，明確的目標以及計畫能讓構想變爲金錢。財富終能獲得，乃是回應明確需求的結果，其方法在於應用明確的計劃，只有明確的計劃才可以使妳獲取財富。

用構想改變生活

一般說來，構想是一種「意念衝動」。所有傑出的銷售員都知道，構想可以售出賣不掉的商品，而普通的銷售員就是不懂得這點——那也許就是他們之所以「平凡」的原因。

一位廉價書的出版商發現了一個事實，該發現對一般出版商有很大的價值。他發現許多人買的是書名，而非書的內容。一本滯銷書，只要將不太動人的書名做一下更改，銷售即可鹹魚翻身。這個動作看起來是那麼簡單，賣的就是一個構想、一種想像力。構想沒有標準價格，構想的創造者可以自定價格，而且，如果夠聰明的話，也一定可以得到他想得到的價格。每一個巨額財富的故事幾乎都始於構想創始人與構想推銷人通力合作、完美演出的那一天。卡內基身旁環繞著一群能爲其所不能爲的人，他們創造構想，推動構想，使卡內基及其他人富有得令人難以置信。

有好幾百萬人一生盼望著幸運的突破。好運的確能帶給人一個機會，但最妥當的計畫可不能只靠運氣。一次幸運的突破能爲妳的人生帶來機會，但在機會變爲一項資產以前，妳應該投注的是——多年堅毅的努力。

「機會」使拿破崙・希爾先生幸運地遇到安德魯・卡內基，並與其合作。在那一次機遇中，卡內基心中出現了一個構想，就是將「成就原則」組織爲一種成功哲學。經過二十五年的研究，使得千萬人因之獲益，而且透過這一哲學的應用，也出現了許多致富的例子。他的起點其實非常簡單，是任何人創造得出的構想。

然而要戰勝失望、氣餒、暫時的挫折，以及一波又一波「白費時間」的批評聲浪，需要的可是多麼堅定的意念！

當卡內基先生首次將此構想植於拿破崙．希爾心中之後，他就想盡辦法培育它，促使它繼續滋長。慢慢地，構想在其本身的力量下，慢慢地成熟，並反過來誘導他、關照他，以及驅策他。構想的確就是那樣——起初，是妳產生它們，賦與它們行動力並指引它們，然後，它們茁壯並強大本身的力量，掃除所有障礙，走上了致富之路。

構想是一股無形的力量，卻比產生它們的有形頭腦更爲有力量，當創造它們的頭腦已歸塵土之後，它們仍有繼續生存的力量。這便是構想的偉大力量。

第四節　關於財富的四種心態

現實中，我們的財富觀要麼是不患寡而患不均，主張劫富濟貧，越窮越清高，要麼是驕奢淫逸，爲富不仁，走的都是極端。追究到底，這是對財富缺少感恩的結果。

卡內基發表〈財富的福音〉一文，表達了這樣的信仰：社會的貧富不均是上帝定的，那些處於社會上層的人是憑才能和努力成功的，但是一旦擁有了財富和榮譽，就有責任爲幫助不幸的「兄弟」和改善社會而做出貢獻，這也是上帝的旨意。如果沒有對財富的感恩之心，能做得到嗎？

財富是個人成功的一個重要標誌，也是社會地位和社會尊重的象徵。商品經濟的發展和市場體制規則的確立，爲財富提供了嶄新的定義，賦與了財富與以往迥然不同的內涵，也刷新了我們對財富的認識和期待。

一個對財富常懷感恩之心的人，才有可能成爲具有優良財富素質的富豪，才能成爲社會的財富形象大使，才是一個奮鬥和成功的楷模，才是一個富有責任感、勇敢承擔社會道義的精英。讓我們從常懷感恩之心做起，一同努力和期待吧！

藏富：傳統與現實的困境

「藏富如防賊」，在中國，藏富有著悠久的歷史傳統。自古以來，有錢人總是想盡辦法把錢藏著、掖著，說什麼也不能暴露。財富對他們而言是一個巨大的隱私，如同自己私秘處有個胎記一樣，絕不能示人的。這一點，單從歷年《富比士》財富排行榜發佈後，上榜富豪們的反應就可以看出一二。他們的反應幾乎是一致的，那就是憤怒。

藏富並不是一種正常的財富觀，把財富隱藏起來，實際上是在逃避社會責任。更多的財富意味著更多的社會責任，不僅僅是納稅、解決就業，富人在社會經濟和政治生活中扮演著愈來愈重要的角色，對社會走向所產生的影響力愈來愈大，富人需要爲社會做出更多的貢獻。財富的合理流動和使用，會對社會發展產生良性的影響，它縮小收入的差距，並爲實現社會成員間的共同富裕創造條件。而藏富、守富只會使財富的流動趨於停滯，使貧富分化更爲懸殊，進一步激化社會矛盾，共同富裕變得遙不可及。

炫富：有錢人的非典型行為

與藏富形成鮮明對比的，是部分富人唯恐別人不知道自己身家，而對財富大肆誇耀。今日社會可以看到無數千奇百怪的炫富式消費現象。房子越貴就越有人買，分佈在各風景名勝區的度假村，價錢越高問津者越衆，就像中國電影《大腕》臺詞中所說：不求最好，但求最貴！吃的方面就更邪乎了，鮑魚海參、魚翅燕窩已是家常便飯，各種野生稀有動物也成了盤中飧，如此光怪陸離的景象正應了那句老話：沒有做不到的，只有想不到的。

在市場經濟加速發展、富人越來越多的今天，如何樹立積極健康、有益於社會發展的現代財富觀，勇敢承擔社會道義，熱心公益事業，做一個既富裕又不乏同情心、誠實守信又富有社會責任感的現代富豪，是那些沈迷在酒池肉林、豪宅盛宴中的富人該做的積極思考。

仇富：追問公平與理性思考

在中國，仇視、鄙夷富人的文化傳統悠久而深刻，為富不仁的故事比比皆是，而「劫富濟貧」往往被視爲英雄。

中國人民大學社會調查中心的一項調查中，對「您認爲如今社會上的富人中，有多少透過正當手段致富？」的問題，僅有五．三％的人回答「有很多」。「富人的錢，乾淨嗎？」成了公眾普遍的疑問。而一個個「問題富豪」的暴露，又似乎印證了公眾心中的疑問。中國國務院發展研究中心曾發表過一個中國富人的「金錢模式」，比較策略地使用了「腐敗」這個模糊的概念。與此同時，中國著名經濟學家吳敬璉有一篇文章專門談論這個問題，他歸納說，中國的民間巨富，有很多是來自於中國的「裙帶資本主義」，是權力資本化的結果。這也就是目前常說的、中國富豪的「原罪」問題。

富人的存在或貧富差距的拉大，並不必然產生仇富情緒。重要的是，社會是否提供了一個公平競爭的環境，讓那些窮人透過後天的合法努力也成爲富人。如果大多數人不相信社會提供了公平的機會，而認爲「關係」提供機會、腐敗創造成功的話，仇富情緒才會有發芽生長的溫床。因此，在制度規範完善之前，我們沒有理由對仇富心理簡單地下結論，不僅如此，我們還應當看到它的積極意義：促進社會公正，推動社會文明。只有建立公平的規則，才能消除殺富濟貧思想，根除仇富心態，這個社會的總體財富才得以良性發展。

崇富：打造「財富素質」

何謂財富素質？財富素質就是財富的眞正價值，它既與財富本身有關，也與財富創造者的個人素質有關。個人財富的多少決定於這個人所處的行業、宏觀環境等多重因素，這些條件每個人都會有很大的差異。但另一方面，絕大多數的富豪身上卻都存在著極爲可貴的財富素質，如應對失敗的能力、對機遇的把握、敢爲人先等。富人的增多並不是壞事，社會物質財富總量不斷增加是經濟繁榮、社會進步、生活水準提高的重要基礎，在全社會創造出一種對財富恰當的尊敬和推崇觀念，應該是社會發展軟體環境的主題之一。「崇富」氛圍的營造，不僅需要富人們的身體力行，同時，也需要公衆的積極配合。

社會價値觀念應該相對地在文化意義上完成轉型，就大衆層面來說，也需要建立起與時代發展同步的、積極健康的現代財富觀。這樣，在公平的競爭環境下，每個人都能站到同一條起跑線上競逐財富，沒有人會仇富；隨著市場體制的健全、社會環境的改善，富人也就沒有必要藏富，炫富的行爲也將受到公衆輿論譴責和抵制，爲財富的增長創造良好的社會環境，從而推動經濟的發展和社會整體的進步。

自認為世界上最富有的人

「錢財如糞土，仁義値千金」，這是一種財富觀。抱持這種觀點的人認爲，不是什麼事情都可以用金錢來代替、衡量的。中國古代的弦高，趕著十二頭牛去賣，路上碰見秦國偷襲鄭國的部隊。他爲了鄭國的安全，冒充鄭國來犒勞的使者，把牛獻給秦軍。秦軍大將孟明視信以爲眞，覺得鄭國既然派人來犒師，必定知道秦國會偷襲，早就做好準備，於是只好退兵。弦高把國家利益看得比金錢重要，人們都讚揚他。可見，金錢並不是第一，也不是至上的。在金錢之外，還有許許多多的東西，如國家、人民的利益，以及親情等，比金錢更重要。

有的人卻恰恰相反。他們不惜利用一切手段，甚至做出違法犯罪的事情來獲取金錢。如利用職權貪污受賄、塗改發票、做假帳，甚至結夥搶銀行等。這些人用種種非法手段，成爲「大亨」。錢有了，但他們幸福嗎？答案是否定的！因爲他們的物質生活雖然富裕，但精神空虛，甚至要提心吊膽過日子，生怕有一天東窗事發。沒有很多錢的人其實也會快樂、幸福，因爲他們活得問心無愧，活得充實。身爲孔門七十二賢人之首的顏回，就沒有很多錢，可是他好學不倦，樂在其中，終於有成，名垂史冊，因此他也是一個幸福的人。

被稱爲「門巴將軍」的西藏軍區總醫院院長李素芝，紮根「世界屋脊」二十八年，醫術精湛，成果纍纍，深孚衆望。雖然他從未收過紅包、辦過公司，也沒有各種外快和多少儲蓄，更沒有私人別墅和豪華轎車，可是他卻始終認爲自己是世界上最富有的人，他的「財富」多得無法計量。

在李素芝家的櫃子裡，不裝金銀、不放綢緞，卻滿滿地珍藏著藏胞贈送的一百面錦旗和一千條哈達，在他眼裡，這是自己一生中最珍貴的財富。這一面面火紅的錦旗，飽含著藏族同胞的深情厚誼；一條條潔白的哈達，凝結著群衆的無限感激之情。情深似海，義重如山，情義無價呀！

李素芝還有一筆巨大的「財富」，他在地球之巔主持開發新技術、新業務一百三十四項，其中十六項創造了世界醫學新記錄，三十二項屬中國首創，三十四項填補了高原醫學空白，獲得科技成果獎二十項，發表高原醫學論文二〇五篇……這筆財富不論在數量還是品質上，都十分驚人，不僅凝聚了他多年的心血，也忠實記錄了他前進的足跡。

還有一筆「財富」讓他引以自豪。粗略一算，二十八年裡，他主刀大小手術近九千例，其中，爲四百八十七名心臟病患解除了病痛，手術成功率達九八%。他還帶領醫護人員，硬是把急性高山病發病率從上世紀的五〇%至六〇%降低到三%，駐藏部隊連續十年沒有因高原病而減員。如果說生命是一個人的最大財富，那麼，李素芝用他的雙手挽回了多少患者的寶貴生命，這筆財富又該怎樣計算？

當然，爲了這一筆筆「財富」，李素芝也付出了極大代價。

爲了做試驗，他經歷了上千次失敗，犧牲了無數個假日，他進藏二十八年，全部探親休假時間加起來不超過半年。他還犧牲了天倫之樂，父母親去世，他都因爲手術試驗正在最後階段，而沒有回去爲老人家送終盡孝，因而留下終生遺憾。因爲工作忙，獨生女兒一直寄養在幾千里之外的親戚家裡，長到十五歲了，還不認他這個爹，直到現在，叫起爸爸還很不習慣。這個錚錚鐵漢，曾爲此而流淚感傷。

他還犧牲了身體健康，長年的超負荷運轉，高原雪域數十萬公里的艱苦跋涉，使他積勞成疾，腿上有做試驗時猛犬咬的傷痕，身上有翻車留下的創傷。他的「財富」確實得之不易，也彌足珍貴。

人生苦短，歲月易逝，二十八年說過去也就過去了，但李素芝青春無悔，因爲他創造了那麼多的「財富」，爲那麼多人解除病痛，帶來幸福。這個世界上，有各式各樣的財富，有看得見、摸得著的，也有無形的；有只能給自己帶來歡娛的，也有能造福社會，可以與人分享的；有放在那兒不會增值的，也有能開花結果的。

李素芝的這一筆筆「財富」，就是可以與人分享、可以開花結果、可以造福社會的最寶貴人間財富。

用世俗的眼光來看，李素芝永遠也無法躋身於各式各樣的富豪排行榜，但他自己堅信、我們也相信他的確是非常富有的。人們的無限信任、患者的無比感激、如日中天的事業、高原官兵的希望與重託、國家和人民給他的種種榮譽，都是他最寶貴也無法計量的「財富」。

這是財富湧動的時代，我們面臨著多種觀念的碰撞，社會對於財富認知的心態、理念、思維、判斷都面臨著轉換，因而我們更需要樹立健康的財富觀念，建立良好的財富心態，負起應有的財富責任，只有這樣，財富才會充分湧向社會的每一個角落，與社會責任充分結合起來，使社會更加穩定、更加文明、更加健康地發展。

第五節　富人的賺錢哲學

積聚財富的六個步驟

許多年以前，一位偉大的戰士率領士兵對抗強悍的敵人，而且對方人數遠超越他們。他將士兵裝載上船，駛向敵國，卸下士兵和裝備後，即下令燒毀船隻。他對士兵說：「你們都看到了，船已付之一炬，除非我們勝利，否則誰也無法活著離開。現在，我們別無選擇——不是勝利，便是毀滅。」

一切在預料之中，他們勝了。這就是人在別無退路時由本能爆發出的力量！

想在事業上取得成功，就必須破釜沈舟，斬斷後路。唯有如此，才能確保熾烈渴望勝利的心，而那正是成功的根本要素，也是走向成功所必須具備的條件。

芝加哥大火發生後的翌日上午，一群商人站在斯代特街上，凝視著灰燼殘瓦。他們開會討論是否要重建，或者乾脆離開芝加哥，到國內其他更具潛力之處另起爐灶。後來，他們一致決定離開芝加哥，但這時卻有一個人要留下來。

決定要留下來重建的商人馬歇爾．費爾德，指著自己商店的瓦礫碎片說：「各位，不論可能遭遇多少次火災，我都要在同一個地點蓋起全世界最大的商店。」他的意志是那樣的堅定。

這已是近一世紀前的事了。那間商店不但蓋起來，直到現在，它還在那裡，像一座高聳的紀念碑，象徵著俗稱爲「熾烈欲望」的心靈力量。馬歇爾．費爾德當時也可以有較容易的做法，就像他的商人朋友們所做的一般。當路途崎嶇難行，前途看來晦暗不明時，他們便抽身而退，選擇一條看來似乎較好走的路。

好好記住馬歇爾．費爾德和其他商人之間的分別，因爲成功者與失敗者的分水嶺，正好在於這一差異。每個人只要了解金錢的作用，都會祈願擁有它，但光「祈願」不會帶來財富。如果能把「渴望」財富的心態，變成「唯一的心念」，然後訂定追求財富的明確方式與計畫，並且以絕不認輸的毅力來支持那些計畫，便會帶來財富。

財富得來是如此容易，而又似乎是如此的難。

公路和鐵道是無生命的，它們不可能從地底冒出來自行運作，它們是呼應文明的產物，是透過一群有想像力、信心、熱忱、決心和毅力的人，運用他們的努力、創造力和組織能力打造出來的！那些人就是我們所謂的資本家。激發他們動機的，是一連串的欲望，如建築的欲望、設計的欲望、達成目標的欲望、提供有用服務的欲望、賺取利潤和致富的欲望等。而且，由於他們提供的是文明賴以存在的服務，因此，他們也就置自己於財富之道上。

合法聚積財富只有一個可靠的辦法，就是提供有價值的服務。至今還未有任何一種制度，僅憑人數衆多或不需回報以某種形式的對等價值，便可讓人合法獲得財富、擁有巨額財富。現在告訴妳一個秘訣，這是將財富的欲望轉化爲對等實質利益的秘訣，這個秘訣包含著六個明確而實際的步驟：

第一步，在心中定出所渴望金錢的明確數目。只說「我想要有足夠的錢」是不夠的。數目要明確，這種明確性有其心理上的意義。

第二步，想清楚妳決定付出什麼，以得到妳所渴望的金錢（天下沒有「白吃的午餐」）。

第三步，設定妳決心擁有這筆金錢的明確日期。

第四步，擬定明確計畫，並立即付諸行動，無論妳是否已有心理準備。

第五步，拿出紙筆寫下一份清楚、精確的聲明。聲明上面記載想獲得的金錢數量、獲得的期限、追求金錢所需付出的代價，以及達成目標的計畫。

第六步，每天大聲朗讀此聲明兩次。一次在清晨起床後，一次在妳晚上睡覺前。朗讀時，試著讓自己看到、感覺到，並相信自己已擁有這筆金錢。

請妳堅信，妳必須確實遵循以上六個步驟去做，尤其是第六個步驟特別重要。妳也許會抱怨：在我沒有眞正得到這筆錢之前，我不可能「看見自己有錢」。但這正是熾烈的欲望能爲妳提供的幫助。如果妳眞的十分強烈地「渴望」有錢，進而將妳的這種欲望演變爲魂牽夢繫的意念，那麼，就不會有任何困難使妳放棄得到它。妳的目標是要得到這些錢，妳要不斷強化妳的決心，才會使自己「相信」妳一定會得到它。

我們都知道卡內基，他剛開始只不過是鋼鐵公司的一名普通工人，儘管出身低微，但他努力運用這些原則，自己賺了超過億萬美元的財富。

還有湯瑪士・愛迪生也仔細查驗過這六個步驟，他深切肯定它們不只是累積金錢所需的步驟，更是達成任何目標不可或缺的步驟。

這些步驟不需要妳付出什麼辛苦的勞動，也不需要妳犧牲什麼更為可貴的東西，更不要求人們變得荒謬不實或是過度輕信。運用它們也不需接受高深的教育，唯一要求的是必須「擁有足夠的想像力」，此乃成功運用這六個步驟的關鍵。這種想像力使人看得出也能夠瞭解，累積財富不能只靠機會、緣分和運氣。我們必須知道，所有累積巨額財富的人，在獲得財富以前，都一定有過某種程度的夢想、希望、祈願、欲望和計畫，然後才得到財富。不相信的話，可以去翻一翻那些巨富所寫的傳記，或是看一看有關他們獲得巨額財富的方法。

妳必須知道，除非妳讓自己對金錢產生強烈的「欲望」，並且眞的「相信」自己會擁有它，否則妳絕對不可能成為巨額財富的擁有者。

流傳千年的金錢定律

有這樣一則故事，講的是巴比倫最有錢的人，這則故事看似簡單、平常，可是妳也許不知道，八千年前巴比倫人已經懂得理財致富之道，這些原則到現在還是一樣好用。

巴比倫有個最有錢的人叫做阿卡德，很多人羨慕他的富有，因此向他請教致富之道。

阿卡德原來是雕刻陶磚的工人，有一天，一位有錢人歐格尼斯來向他訂購一塊刻有法律條文的陶磚。阿卡德說他願意漏夜雕刻，到天亮時就可以完成，但是唯一的條件是歐格尼斯要告訴他致富的秘訣。歐格尼斯同意這個條件，因此天亮時，阿卡德完成了陶磚的雕刻，歐格尼斯實踐了他的諾言。他告訴阿卡德，致富的秘訣是：你要把賺的錢存下一部分。其實財富就像樹一樣，從一粒微小的種子開始成長，妳存下來的第一筆錢就是你財富成長的種籽，不管你賺得多麼少，一定要存下十分之一。

一年後，當歐格尼斯再來的時候，他問阿卡德是否有照他的話去做，把賺來的錢省下十分之一。

阿卡德很驕傲的回答，他確實照做了，歐格尼斯問：「那存下來的錢，你如何使用呢？」

阿卡德說：「我把它給了磚匠阿盧瑪，因爲他要旅行到遠地買回菲利人稀有的珠寶，等他回來，我們將高價賣掉這些珠寶，然後平分這些錢。」

歐格尼斯生氣地罵道：「只有傻子才會這麼做，爲什麼要信任磚匠買珠寶呢？你的存款已經泡湯了！年輕人，你把財富的樹連根都拔掉了。下次買珠寶應該去請教珠寶商，買羊毛應該去請教羊毛商，別和外行人做生意！」

就像歐格尼斯所說，磚匠阿魯瑪被菲利人騙了，買回來的是不值錢的玻璃珠。阿卡德再次下定決心存下所賺的十分之一，當歐格尼斯第二年再來的時候，他又問阿卡德錢存得如何。

阿卡德回答：「我把存下來的錢借給了鐵匠去買青銅原料，他每四個月付我一次利息。」歐格尼斯說：「很好，那麼你如何使用賺來的利息呢？」

阿卡德說：「我把賺來的錢拿來吃一頓豐富大餐，並買一件漂亮的衣服，我還計畫買一頭驢子來騎。」

歐格尼斯笑了，他說：「你把存下的錢所衍生的子息吃掉了，如何期望它們以及它們的子孫再爲你工作，賺更多的錢？當你賺到足夠的財富時，你才能盡情享用而無後顧之憂。」

又過了兩年，歐格尼斯問阿卡德：「你是否賺到夢想中的財富？」

阿卡德說：「還沒有，但是我已存下了一些錢，然後錢滾錢，錢又滾錢。」

歐格尼斯說：「你已學會了致富的秘訣。首先，你學會了從賺來的錢省下錢；其次，你學會向內行人請教意見；最後，你學會了如何讓錢爲你工作，幫錢賺錢。你已學會如何獲得財富，保持財富，運用財富。」

這就是早在八千年前的巴比倫人指出的道理：所謂成功的人都是善於管理、維護、運用自己創造的財富。而致富之道在於聽取專業的意見，並且終生奉行不渝。這則古老的故事當中，其實還蘊含著金錢的五大金科定律。

金錢定律一：金錢是慢慢流向那些願意儲蓄的人

將自己每月賺到的錢至少存入十分之一，久而久之可以累積成一筆可觀的資產。

金錢定律二：金錢願意爲懂得運用它的人工作

對於那些願意打開自己心胸，聽取別人專業意見的人，會將金錢放在穩當的生利投資上，讓錢滾錢，利滾利，源源不斷創造財富。

金錢定律三：金錢會留在懂得保護它的人身邊

重視時間報酬的意義，耐心謹慎的維護財富，讓它持續增值，而不貪圖暴利。

金錢定律四：金錢會從那些不懂得管理的人身邊溜走

擁有金錢而不善經營的人，一眼望去，四處都有投資獲利的機會，事實上卻處處隱藏陷阱，由於錯誤的判斷，他們常會損失金錢。

金錢定律五：金錢會從那些渴望獲得暴利的人身邊溜走

金錢的投資報酬有一定的回收，而那些渴望投資獲得暴利的人常被愚弄，因而失去金錢。缺乏經驗或外行，是造成投資損失的最主要原因。

第四堂

成為富人的六個必修學分

人要自信，這是成功的必備條件！一個不相信自己的人，誰還會相信他！相信使一個人脫穎而出，甘於平凡將使自己變得普通。普通不是我們的目標，我們一定要追求卓越！

第一節　富人的心態

從歷史上數百位致富者當中，我們很容易注意到他們在成功和財富上的專注不移。這些人有的受過良好教育，有的像亨利．福特，明顯沒有某些方面的「學校教育」。賦與這些人力量並擁有偉大目標，然後幫助他們達成抱負的究竟是什麼？答案就是「成功意識」。意識決定了思想，思想決定了行動，行動又決定了性格。

有了成功意識，就能夠在人的心中產生一種志氣。志氣就是人想成就一番事業的決心和願望；有了志氣，人就有了奮鬥的力量。心中有目標的普通人，會成爲創造歷史的人；心中沒有目標的人，只能隨波逐流。

沒有志向，人就沒有奮鬥的動力。所以不管在任何情況下，妳要培養自己的志向，喚醒自己的志氣，發現自己，實現自己。

大詩人亨雷曾經說過：「我是自己命運的主宰，我是自己靈魂的舵手。」這是一句大家應刻骨銘心的至理名言。我們學會控制自己的意識，就學會了如何掌握生命的節奏，而財富就是生命之歌一個極優美的章節。

讓我們來看一個故事。

有兩個人，一個是體弱的富翁，一個是健康的窮漢，兩人相互羨慕著對方。富翁爲了得到健康，樂意出讓他的財富；窮漢爲了成爲富翁，隨時願意捨棄健康。

聞名世界的外科醫生發現了人腦的交換方法，富翁趕緊提出要和窮漢交換腦袋。其結果，富翁會變窮，但能得到健康的身體；窮漢會變富有，但將病魔纏身。

手術成功了。窮漢成爲富翁，富翁變成了窮漢。

但不久，成了窮漢的富翁由於有了強健的體魄，又有著成功的意識，漸漸積累了財富。與此同時，他總是鑽研賺錢的門路，唯恐遺漏任何油水。由於他總是那樣擔心受怕，久而久之，他那極好的身體又回到原來多病的狀態，或者說，他又回到以前那種富有而體弱的狀況中。

那麼，另一位新富翁又怎麼樣呢？

他總算有了錢，卻忘不了自己是個窮漢，有著失敗的意識。他不斷地把錢浪費在無用的投資裡，應了「老鼠不留隔夜食」這句老話，錢不久便揮霍殆盡，他又變成原來的窮漢。然而，由於他無憂無慮，換腦時帶來的疾病也不知不覺地消失了。他又像以前那樣有了一副健康的身體。

最後，兩人都回到原來的模樣。

意識透過實踐，指揮人們用精神作用於物質，從而引起物質具體形態的變化。故事中，兩人都回到了原來的模樣，這種變化的根源是由於兩種不同意識的力量。

第二節　獲取財富的三個條件

獲取財富實際上只需要三個基本條件，這三個條件就是：固定的儲蓄，追求高報酬，以及在低於夢想的水準下生活。

固定儲蓄：億萬富翁的神奇模式

假定有一位年輕人，從現在開始每年存下十四萬元，如此持續四十年；他每年存下的錢都投資在平均二〇%的投資報酬率，那麼四十年後，他能累積多少財富呢？正確的答案是一二八一〇億元，一個令眾人驚訝的數字。這個數據是依照財務學計算年金的公式得到的，計算公式如下：

十四萬×（一＋二〇%）×四〇年＝一二八一〇億。

這個神奇的公式說明，一個二十五歲的上班族，如果依照這種方式投資到六十五歲退休時，就能成爲億萬富翁了。投資理財沒有什麼複雜的技巧，最重要的是觀念，觀念正確就會贏。每個理財致富的人，只不過養成了一般人不喜歡且無法做到的習慣而已。

一個人要想致富的話，就要有一筆固定的儲蓄，一年存一小部分錢，那麼過了一二十年，妳也就存了一筆不少的數目，它說明了一個人致富的前提就是要學會存錢。

追求高報酬：錢追錢快過人追錢

有句俗語叫：「人兩腳，錢四腳。」意思是錢有四隻腳，錢追錢，比人追錢快多了。人的一生能積累多少錢，不是取決於妳賺了多少錢，而是妳如何理財。就如一個盤子裡的水果再多，終究有吃完的時候，但如果妳能夠擁有一棵樹，並具有管理這棵樹的知識，那麼水果就會源源不斷地從樹上結出來。

目前，儲蓄仍是大部分人傳統的理財方式，但是錢存在銀行是短期最安全，長期卻最危險的理財方式。銀行存款何錯之有？其錯在於利率（投資報酬率）太低，不適於做爲長期投資工具。同樣假設一個人每年存十四萬元，而他將這些錢全部存入銀行，享受平均五％利率（這已經是高估。我們處在一個低利率時期，利率低得可以忽略不計，一年期才一．九八％），四十年後他可以累積一六九〇萬元（十四萬×（一＋五％）×四〇年＝一六九〇萬元）。與投資報酬率爲二〇％的專案相比，兩者收益竟相差七十多倍。

更何況，貨幣價值還有一個隱形殺手——通貨膨脹。在通貨膨脹五％的狀況之下，將錢存在利率五％的銀行，實質報酬等於零。因此，一個家庭存在銀行的金額，保持在兩個月的生活所需就足夠了。不少理財專家建議將財產三等份，一份存銀行，一份投資房地產，一份投資於較投機的工具上。

我則建議不妨在投資組合時分爲「兩大一小」，即，大部分資產以股票和房地產的形式投資，小部分錢存在金融機構，以備日常生活所需。

假如妳將部分的資金存放在銀行裡，所得到的報酬就很少，爲了獲得更高的報酬，妳要利用手中的資源去做一些高報酬的事情。如果把我們手中的大部分錢用在股票和房地產，那麼我們所獲得的報酬要比存放在銀行裡多得多。追求高報酬，也是一個人致富的前提條件之一。

在低於夢想的水準下生活

這聽起來很奇怪，但確實是使自己逐步致富的重要條件。很多美國人爲了過享受的生活，往往不惜身負重債，當然很難成爲有錢人了。然而，在低於自己希望的生活水準下生活，這說起來容易，做起來難。

美國管理諮詢及風險公司，麻塞諸塞州馬布羅公司投資專家皮特．柯漢說：「目前美國經濟增長的七五％都靠消費支出拉抬，而且美國的消費文化和便利的信用卡體系也在一定程度上促進了消費者的消費欲望。」。在低於自己夢想的生活水準下生活，就意味著自己不用背負不必要的債務。美國休斯頓CAZ投資公司董事長克里斯多夫．祖克建議，用戶向銀行借錢應該只限於購買房屋和支付教育這兩個需要，其他方面應該少借錢或不借錢。

按照這條規則生活，人們就會有閒錢，然後固定拿出一部分閒錢存到銀行，方能逐步致富。。

第三節　成爲百萬富翁的八條眞理

有些人認爲理財是富人、高收入家庭的專利，要先有足夠的錢，才有資格談投資理財。事實上，影響未來財富的關鍵因素，是投資報酬率的高低與時間的長短，而不是資金的多寡。美國人查理斯・卡爾森在調查了美國一百七十位百萬富翁的發跡史後，寫了一本《成爲百萬富翁的八條眞理》的書。卡爾森所總結的八個行動步驟如下。

第一，立刻開始投資。他在書中說到，在美國，六成以上的人連百萬富翁的第一步都還未邁出，而且都有一堆理由。其實這些理由只是自己在找無關緊要的藉口，爲自己辯解罷了，比如有人會說自己沒時間投資。」卡爾森說：那妳爲什麼不減少看電視的時間，把精力花在學習投資理財上？」

第二，訂定目標。這個目標可以是準備好小孩子的學費、買新房子或五十歲以前舒服地退休。不論任何目標，一定要擬定計畫，並且爲了這個計畫全心全意、堅持不懈地努力實現。

第三，把錢投資到買股票或基金上。「買股票能致富，買政府公債只能保住財富。」這句話就是百萬富翁的共同經驗。別相信那些黃金、珍奇收藏品等玩意兒，只要把心放在股票上，就是建立財富的開始。

第四，百萬富翁們並不只是因爲投資高風險股票而致富，他們大多數都只投資一般的績優股，雖慢但是低風險地聚財。

第五，要保持每月固定投資，從而使投資成爲自己的一個習慣。不論投資金額多少，只要做到每月固定投資，就足以使妳超越三分之二以上的人。

第六，堅持到底就是勝利。四分之三的百萬富翁買一種股票至少持有五年以上，將近四成的百萬富翁買一種股票至少持有八年以上。股票買進賣出頻繁，不僅冒險，還得付高額交易稅、券商佣金等，「交易次數多，不會使妳致富，只會使代理商致富。」

第七，將國稅局當作投資夥伴並善用之。也就是利用身邊所有的一切，他們是妳成爲富翁的機會，厭惡國稅局並不是建設性的思維。應該把國稅局當成自己的投資夥伴，同時要注意新稅務規定，善於利用免稅的投資理財工具，使國稅局成爲妳致富的助手。

第八，限制財務風險。其實大富豪多數都過著很乏味的生活，因爲他們不愛換工作，只結一次婚，不生一堆孩子，通常不搬家，生活沒有太多意外或新鮮，穩定性是他們的共同特色。

理財致富需要一段長時間的堅持，它並不是靠一時的努力就可以成功的，比的是耐力而不是爆發力。對於短期內無法預測、長期具有高報酬率的投資，最安全的策略是先投資，等待機會再加碼。

你必須塑造良好的理財心態，因爲心態影響一個人的精神狀態，精神狀態則決定一個人的行動。

很多人談到理財，最注重如何掌握投資的技巧，怎樣將手上的資金去生利，怎樣在股票市場上去挑選合適的股票，怎樣利用基金等投資工具，怎樣投資房地產或生意，怎樣儘量省下稅金，怎樣爲退休或遺產做最佳的安排等等。不錯，要有效理財，必須瞭解各樣投資工具的特性，然後擬定整體的計畫去實行，但有一樣比這些技巧更重要的，就是先有正確的理財心態。

自古以來，錢財對人的吸引力令人難以抵禦。人的欲望是無止境的，人生就是一個不斷滿足欲望而又擁有欲望的過程，人心永不知足，爲了追求錢財物質，不惜付出任何代價：家庭、健康、良知，甚至自己的生命。上個世紀八〇年代，華爾街投機專家公開宣揚「貪婪」的價值，直到九〇年代股票市場長期上揚，都令不少人對累積財富如癡如醉，殊不知貪心正是理財的首忌。

貪心除了導致財務上的虧損，也危害個人身心健康與家庭生活。建議大家反省一下自己對理財的心態，然後才花時間爲自己的財務做一個謹慎的規劃，耐心等候收成。

第四節　成爲富人的捷徑

到底富人擁有什麼特殊技能，是那些天天省吃儉用、日日勤奮工作的上班族所欠缺的呢？富人何以能在一生中積累如此巨大的財富？那就是——投資理財的能力。理財知識的差距懸殊，是造成窮富差距的主要原因。

誰不想成爲富人？美滿、富足的生活是人類本能的嚮往，卻未必實現得了。現在全美國大約有五百萬個家庭擁有一百萬美元的財富，其中八〇%的人屬於第一代致富者。對這些人來說，富裕並不是擁有昂貴的轎車、別墅，那只是暫時擁有的財富，想要長期穩定的收入保障，人們只要遵循一些普遍的原則，就可以挖掘出致富的潛能。爲此，理財專家歸納出以下法則，對我們深具啓示。

一、**錢生錢法**。一九六七年，北卡羅萊納州的拉爾夫兄弟決定以出售股份的方式，籌款開一家雜貨店。他們找了一百個熟人，這些人以每股十美元的價格各自買下一百股。三十多年後，當初的雜貨店已變成擁有一千多家連鎖店的「食品之王」，它的股票價格爲每股一〇九美元，讓當年投資者當中的七十八位當上了百萬富翁。

二、**量入爲出**。一九六〇年，漢托和喬吉娜從古巴來到美國時，身無分文。一九六六年，他們大學畢業後成爲記者。他們的致富策略就是節省每一分錢，由於銀行儲蓄是按複利計算，所以夫婦倆每月按時去銀行存錢。他們的生活很節儉，經常從報紙上剪折價券去買便宜東西，上班帶飯盒。幾年後，他們便把收入的大部分儲蓄起來。直到一九八七年，他們拿出一二五〇美元投資共同基金，八年後就成了百萬富翁。「集小流成大海」也就是這個意思。

三、**不築債臺**。信用卡公司有五花八門的優惠辦法吸引新客戶，銀行又大力推銷房屋抵押貸款，一般人面對這類誘惑，很容易把持不住自己，爲了享受那麼一點小小的優惠，付出欠下債務的代價，然後爲債務支付利息。美國百萬富翁中的七〇%全無債務，因爲他們知道，每支付一美元利息，可用來投資的錢就少了一美元。因此他們所買的房子，一定是他們負擔得起而財力上仍綽綽有餘的。

四、自己創業。自己當老闆的人，成爲百萬富翁的機率，比薪水階層的機率要大四倍。因爲薪水階層的收入決定於雇主願意給多少，而自己創業的人如果精明能幹，可以大展鴻圖。

五、**長期等待**。要想財富長久，就要具備足夠的耐力，拒絕短期利益的誘惑，抱緊核心資產。微軟的比爾・蓋茲能夠多年蟬聯全球富豪榜首，就是得益於他能夠抗拒誘惑，不放棄微軟的大部分股權。任何投資者在走向致富之路時並不富有，這需要長時間的等待，合理安排自己手中的資金，不要太盲目投資，要選準投資方向，則任何人都有可能成爲富翁。

六、**氣定神閒**。投資沒有一定賺錢的道理，不過富豪們一定有辦法使自己安度投資的低潮。專家們發現，富豪大多是玩撲克牌的高手。他們多數生活作息很有規律，婚姻生活穩定而美滿。有志成爲富豪的人，不妨向他們的生活態度看齊。

七、**臉皮很厚**。富豪的行爲模式異於常人，常做出違反社會常規，導致他人忌恨的事。美國最大零售商沃爾瑪的創辦人山姆・奥爾頓經常擾亂市場價格。一旦逮到機會，他便伺機向供應商殺價，所以供應商們都知道和沃爾瑪做生意不容易。因此，如果妳想當老好人，最好打消富豪夢。

「一分耕耘，一分收穫」，成爲富人是要付出汗水的，許多顯而易見的機會都是在那些沒有人願意去冒險的地方。如果妳加倍努力讓一項好的方案更加傑出，或者準備比他人要充分，那麼妳就能夠透視他人所忽略之處，並且加以利用。加倍努力付出會讓妳對事物有更深入的瞭解，而且爲妳帶來好名聲，而這兩項好處都會爲妳帶來好運。倘若人們對於妳工作的效率和品質十分稱讚，妳將會步步高升，並超越那些視工作爲苦差事的人。因爲妳加倍努力付出，所以能得到許多人們未曾抓牢的機會。

從現在起加倍努力，機會將尾隨而至。那些爲他人付出更多的人，人們會樂意爲他付出更多。

願意比自己應做的更多做一些

如果妳的付出總是比別人爲妳做的還要多，人們終究會回饋妳更多。如果妳能爲周遭的人提供更多和更好的服務，顧客必定會指名找妳，而妳的老闆也將視妳爲不可或缺的人物。在今日這種缺乏傑出服務的社會，妳將因爲提供優良的服務而從競爭者中脫穎而出。這就是妳耕耘的收穫了。

有位年輕人，擔任一家大印刷公司的估價員，公司不怎麼注重鉛字的字體，因此一直安於讓顧客繼續使用他們過去習慣的字體。這使得員工的工作容易些，但是也無法眞正瞭解自己的工作。不瞭解自己的工作，又如何能改進自己的工作呢？

這名年輕人開始研究鉛字體、鉛字在頁面上的排列及其他細節，讓公司的印刷品更具效果及藝術性。當老闆聽到顧客稱讚說，「你們做得眞漂亮」時，知道這個年輕人在爲公司努力，而這個年輕人同時也讓自己獲得成就感。

眞正瞭解自己，找出自己的不足，努力改進，妳才能夠獲得別人的認可。

一位櫃檯女售貨員認爲她的薪水微薄，所以對顧客總是愛理不理。有一天，一位女士客氣的請她尋找倉庫內部的庫存品，當她找到後，竟覺得「內心更充實」。從此以後，她開始重視櫃檯上看不到及需要特別訂購的商品，即使它們只能帶來極少的利潤。

不久，女售貨員有了固定的客戶。顧客願意等待，只爲得到她的服務，她的專業知識也使得買方信賴她的判斷。她現在是個賣主了，正準備要開展輝煌的事業。

她說：「讓你成功的因素有兩個——你的工作以及你自己。你永遠是最重要的因素。」

願意比自己應做的更多做一些，這是個振奮劑，它能夠激勵妳去做，並且做好，也是爲自己的生活建立價值，樹立良好的價值觀，是充滿熱忱的表現。

最富有的人往往是那些最願意幫助別人的人。金錢上的富裕只是衡量成功的一種方法。眞正快樂富有的人是身體健康，在金錢上有安全感，在工作方面深具挑戰力，對生活充滿信心，而且對他人的生命具有影響力。

第五節　如何擺脫貧困

擺脫貧困的十條妙計

做任何事情都需要方法與本領，賺錢也是如此，只要掌握了賺錢的方法與本領，妳就會發現賺錢是很容易的事。我們掌握的所有知識和本領都是學來的，賺錢也是一種特殊的本領，有的人是透過觀察、思考而逐漸掌握。如果妳不能透過自己的思考，掌握賺錢的本領，那麼妳最好還是透過學習來掌握它。

賺錢的本領，事實上是很簡單的東西，妳可以在很短的時間內就掌握它——賺錢的本領就是一種思維方式。

英國著名財經顧問史蒂芬・康納利不久前寫了一本書，名爲《致富》。書中就「如何擺脫貧困」列出了十條「錦囊妙計」：

1、**要學習一技之長**。錢是賺回來的，沒有賺錢的本領，又怎能有錢。

2、**注重兒女的教育**。當今世界，多受教育的人謀生一定較佔便宜。寧可自己犧牲一些，也要讓兒女多受教育，將來兒女的發展機會肯定超越妳。

3、**窮了，不要埋怨**。貧富懸殊是永存的。很多今日的富人，以前也是窮人，他們肯努力、懂理財，就富起來了。

4、**要有清楚的金錢觀念**。有些人對金錢是很糊塗的，一個人月薪一萬元，發薪的日子拿到一萬元，他便以爲可以花掉一萬元，其實扣除各種生活開支，可花的數目並沒有這麼多。

5、**切勿不顧一切向借貸機構借錢花用**。

6、**他人借錢，要懂得拒絕**。自己沒有能力借出的數目就不要勉強。

7、**買不起或不合用的東西不要強買**。

8、**別以爲信用卡是今日致富的大功臣**。應該以每月的卡帳儘量減少爲榮。

9、**儲蓄很重要**。手頭要有錢，當妳有儲蓄習慣時，自然會考慮其他開支是否值得。

10、**做生意要有公平心**。有不少人要父母、兒女、親戚或朋友出錢讓他做生意，他會覺得，反正失敗了也不是損失自己的錢。抱這樣的心態做事，十之八九都要失敗。

妳是否想要賺錢？妳會採取什麼樣行爲和方式來賺錢？妳能賺多少錢？所有一切都是妳思維的結果。每個人所處的環境、掌握的基本技能、身體狀態、年齡、性別等各方面都不相同，所以每個人賺錢的方法也不盡相同。完全拷貝他人的方法，很可能行不通。最好的方法是學習那些賺錢高手的思維方式，只要妳掌握了賺錢高手的思維，就會發現賺錢輕鬆又愉快。

達瑞的故事

這是一個美國小孩自己賺錢的故事。

有一個叫達瑞的八歲男孩想去看電影，因爲沒有錢，他面臨兩個選擇：向父母要，還是自己賺？他選擇了後者。他自己調製了一種飲料，然後在路邊向過路人出售，除了他的爸媽，沒有一個人買。

後來他偶然遇到了一位成功的商人，這個商人給了他兩個建議：一，嘗試爲別人解決問題，你就能賺到錢；二，把精力集中在你知道的、你會的，和你擁有的東西上。對於一個只有八歲的男孩來說，他能做的有限。所以，他不停的思考，人們會有什麼難題？他又怎樣爲他們解決？

他什麼辦法也想不出來，有一天，父親無意間給他指出一條路。吃早飯時，他讓瑞達去取報紙（美國的送報員總是把報紙丟進院子裏。假如你想穿著睡衣吃早飯、看報紙的話，就必須冒著寒風去取）。當瑞達爲父親取報紙時，一個主意誕生了！當天他就遍訪周圍的鄰居，告訴他們，如果每月付給他一美元，他就天天早上把報紙塞到他們的房門底下，大多數人都同意了，他很快就有了七十多個顧客。當第一個月拿到工錢時，瑞達非常高興。

但是他並沒有滿足，他在尋找新的機會。他讓顧客把垃圾袋放門口，他負責早上運到垃圾箱裡。每月再加一個美元。後來，他又幫別人餵寵物、看房子、給花園澆水，並收取報酬。

九歲時，他學著使用父親的電腦寫廣告，而且開始把孩子賺錢的方法寫下來。他不斷有新的主意，所以很快有了豐厚的收入。他雇用其他的孩子幫忙，然後把一半的收入分給他們，如此一來，錢就如潮水般地湧進了他的錢包。

一個出版商發現了他，說服他寫一本書，書名爲《兒童賺錢的二百五十個主意》。瑞達在十二歲時就成了一名暢銷書作家，後來電視臺又邀請他參加兒童節目，很受觀衆的歡迎。十五歲時，他有了自己的談話節目。現在，他做電視節目以及廣告的收入多得讓人難以置信。瑞達十七歲的時候，已經擁有幾百萬元。

提到賺錢，什麼樣的賺錢方法最好呢？九九%的人首先想到的是找一份好工作，這是因爲我們從小就接受了這樣的觀念，並在我們的意識裡深深的紮下了根。受僱永遠不會賺到多少錢，因爲妳是在爲別人賺錢，而不是在爲自己賺錢。妳得到了少得可憐的工資，支付了生活需求後所剩無幾。找份工作是最笨的，也是掙錢最少的方法。

最好的賺錢方法

什麼樣的賺錢方法最好呢？爲自己工作是最好的賺錢方法。

事實上，每個人身邊都有無數賺錢方法和機會，妳任意抓住一個機會，都能賺到超乎妳想像的金錢。

妳不相信自己身邊有無數的賺錢機會，妳也不相信自己能夠賺到錢，這就是妳賺不到錢的根本原因。

任何一個人，不論是男人還是女人，是學生、農民，還是打工者，不論處於什麼樣的環境，具有什麼學歷、才能，只要掌握了目標，都能很容易找到自己賺錢的方法。

「三百六十行，行行出狀元」，採取什麼具體的賺錢方法並不重要，任何一個行業都有成功者，也有失敗者。只要是掌握了賺錢的自然法則，做任何事情都可以成功。當克拉克選擇速食做爲自己的事業時，曾遭到許多人嘲笑，他們告訴克拉克，僅靠賣炸薯條和漢堡進不了商業界。但是克拉克就靠漢堡，使麥當勞進入世界五百強企業。

目標具有無比神奇的作用。克拉克還是推銷員時，他來到加州的麥當勞速食店，看到人們吃速食的火爆情景，便立下了自己的發展目標。當晚回到旅館，他的腦海裡出現了一幅清晰的圖畫——美國所有城市的大街小巷，人們都在進出麥當勞。後來他不但把麥當勞開遍美國，而且開遍了全世界。

現在，妳已經知道了目標的兩個神奇作用：第一，清晰、明確的目標會改變內在自我的形象，從而產生促使人轉變的動力，也就是說，目標是人發展前進的動力泉源；第二，目標是改變金錢作用唯一的方法，一旦訂定了明確的目標，金錢就改變了作用，由生存條件轉化成爲實現目標的工具，金錢不再能控制人的行爲。

目標就是打開財富與成功大門的鑰匙

成功永遠屬於專心致志、堅忍不拔、善始善終的追求者！

大部分的人僅僅一個挫折便會將他們打敗。

至於保持積極的那些人當中，有一大部分開始改變計畫，卻往往在還未面臨失敗前就放棄。失敗不是來自環境，而是來自他們以前有過的失敗經驗，讓人們在每個機會之門打開前便打退堂鼓。這組人當中當然也沒有福特或愛迪生之類的人物了。

一個名叫亞瑟．達修的人，他之所以能夠建立起自己的事業，全是因爲從他爸爸的失敗中體驗出了堅強的意志。那是一個毫無發展遠景的活動板房事業，其父親在耗盡所有積蓄後，絕望地將它交給了自己的兒子。當時，二十幾歲的達修能拿這項事業怎麼辦呢？大多數人都會把它給賣掉。

達修從他位於鐵路旁的車庫中設計一種小型、易於移動的板房，稍後，又在一項生意中應用一種前所未有的聯體方式。他不斷引入不同的形式變化，建立了一個經銷網路，還開發四條活動板房的生意線，彼此互相競爭，公司的銷售額在四年內增加了五〇〇％。讓達修賺進五百萬美元的大事業，就是從一個搖搖欲墜的小生意開始的。

致富者的心靈特質

許多失敗例子都指出任何年齡層所共有的特質，即，這些人不只失敗了，而且還一直伴隨著失敗而活。他們熱衷於談論失敗勝過其他話題。他們停滯不前，不敢奢望好運。

而那些成功者就不同了，他們說的是未來。他們不著眼於過去，因爲那經常含有許多錯誤。他們一直著眼於未來的偉大目標，在前進的路途上，只談「不斷前進」，把失敗丟在腦後，讓失敗永遠離開他們的談話內容。

對於成功和失敗，我們又注意到另一個與心靈平靜很有關係的重要特點。心中有怨恨和嫉妒的人永遠不會有心靈平靜，他們的人生毫無聲色的原因是因爲怨恨和嫉妒。失敗者經常是見不得別人的成功。和成功人士交談時，會發現他們談到別人的成功總是充滿了各種讚美。他們並不嫉妒，而是努力從他人那兒學習自己想得到的。相反地，失敗者總會想辦法找出對成功者不利的批評來。假如他找不到任何疑點，就會從其他方面來挑毛病。他的怨恨是顯而易見的，可悲的事實就是，他不僅無法獲得心靈的寧靜，更無法掌控金錢所能買到的東西。

美國鋼鐵大王安德魯・卡內基曾經說過：「你可以把我的財富全部拿走，但過不了幾年，我還是可以成爲百萬富翁。」學到賺錢的本領，比賺到錢更重要！

經濟研究學者曾經這樣講過：「如果把全社會的財富聚在一起，等量分配給每一個人，不過三、五年，多數人的錢還是會流入少數人的錢包。」儘管多數人並不想去花某些錢，但他們經不起無知和愚昧的鼓動，也耐不住糖衣陷阱的誘惑，幾次賭注下去，就把他們本不想花的錢給花光了，結果呢！原先的有錢人還是照樣有很多錢。盲目的投資，只能叫膽量，把頭腦中的知識和觀念加進去，才叫膽識，那才能夠創造更多的財富。

在富人的潛意識裡，他深信自己不是要到這個世界上受苦的，他要成為富人，他的內心有很強的賺錢意識；這已是他血液裡的東西，他會想盡一切辦法使自己致富。而窮人卻很少想到如何去賺錢，和如何才能賺到錢，認為自己一輩子就該這樣，不相信會有什麼改變。窮人與富人的區別還在於：窮人在家看電視，富人在外跑市場；窮人攢錢，富人投資；窮人找親戚，富人交朋友；窮人專注領薪水，富人想著發工資；窮人指望被人挑選，富人想選擇別人；窮人學手藝，富人學管理；窮人聽消息，富人聽演講。窮人不學習，它是窮的結果，又是更窮的原因。思維觀念的不同，帶來的一切都不同！

致富完全來自觀念。成功學大師拿破崙．希爾也說過：「一切的成就，一切的財富，都始於一個意念。」人的一生，是採取或者不採取行動的結果，八〇／二〇法則告訴我們，二〇％的人擁有社會財富總和的八〇％，八〇％的人擁有社會財富總和的二〇％。這看起來好像不太公平，其實很公平，因為二〇％的人付出了八〇

%的人沒有付出的代價。付出與回報永遠成正比！人生好比一道選擇題，做前者或後者，全在於自己的選擇！

想賺更多錢，至少要有個基本理念，就是必須學會讓別人爲我們賺錢。靠自己一雙手，即使累死也只能糊口。小錢靠自己，大錢靠別人。要讓別人幫我們賺錢的前提，是我們得對別人有用，能體現幫助別人的價值！世上沒有做不成的事，只有不去做的事！

賺錢的五種方式和三種載體

錢是一種怪東西，越有越多，越沒有越少。知識也是同樣，有一定的知識墊底，就容易掌握更多的知識，錢能生錢的道理也就如此了。

我們要不斷學習，想成爲富人，就要向會賺錢的人學習他們的方法及思維。

輕鬆賺錢的人通常賺五種錢：

1. **賺政策錢**。政策沒說不能做的，他們都做。

2. **賺法律錢**。法律沒有涉及到的，他們專打擦邊球。

3. **賺時間差**。做得早，投入少，效益大。

4. **賺地域差**。任何商品的流通，都是向文化和經濟落後地區投射。

5. **賺外國人錢**。立足台灣，放眼世界。

同時，他們運用了三個載體賺錢：

1. **用知識和腦力賺錢**。

2. **靠網際網路賺錢**。

3. **靠市場倍增學原理和人際網路賺錢**。

這些人是誰也管不著的自由人，生活得自由自在，處於人生和智慧的最高境界，是我們學習的榜樣！我們要養成注意成功者如何做事的習慣，習慣決定命運！

命運其實就掌握在我們自己手中

把服務的觀念加入買賣關係時，許多對雙方都有益的東西也同時會產生。

亨利．福特說：「對於每一部我們所賣的車，我們考慮的不是它所能帶給我們的利潤，而是它可能提供給購買者的有用服務。」愛迪生也說過類似的話：「我所做的每一項發明，沒有一樣不是基於它可能帶給他人的服務來考慮的。」

生意不像我們想像中的那樣簡單，也不是我們想像中的那樣複雜，它的原則就是：生意應該給予客戶物超所值的產品。它並不是什麼新觀念，歷史卻證明它不僅能創造好生意，也創造了好客戶。至於企業雇主與員工之間的良好關係，則是比較新的觀念。

過去，一些事業擁有者從來沒有想過要和員工分享那些由員工幫助他們所創造的財富。當他們在紐約、紐波特或棕櫚海灘大肆炫耀自己所擁有的財富時，對於社會的需要不屑一顧。

而今百萬富翁比比皆是，但是今天的百萬富翁似乎不像過去的那樣想引人注意，今天的有錢人似乎也不想建立一個窮人無法追求的明確階級。雇主看到了將員工視爲企業夥伴，對自己、對同胞，以及對社會的價值。

我們所在的這個社會一再證實，這是創造最豐、最廣財富的最好方式。

第六節　使自己成功的秘訣

人與人之間只有很小的差異，但這種很小的差異卻造就了巨大的差別！這個很小的差異就是心態積極還是消極，巨大的差別就是成功還是失敗。

古代，一個愛歌唱的人去深山拜見一位高人，一個多月了，高人只教其唱咪、咪、咪嗎、嗎、嗎。這學生覺得學不到技術，告辭下山，行到半山腰，高人在山上高歌一曲，頓時，樹葉都震得掉下來。這名學生立即返回山上，跪在高人跟前認錯，重新開始學習……

這又是一個老故事，意思是基礎雖簡單，卻是必要的。

簡單是原則，也是基礎，生意要的就是簡單易複製。隨著人類的生活節奏加快，高素質的公司一定要以簡單爲原則。

只要肯學，跟著成功者的腳步走，妳就會成功！

現在問妳一個私人的問題：妳有很多的錢嗎？或者，妳是那種錢很少的人？現在告訴妳一個構築財富的實際方式，只要妳將這些步驟應用到妳自己、妳的才能、妳的環境，以及妳的目標上，妳很快就會擁有足夠多的財富。

成功的五個秘訣

第一步，要有自信

成功的秘訣在於自信，只有充分自信的人，才能相信自己，把握自我，及時抓住機遇，努力奮鬥，使自己的才智得到充分發揮。

沒有自信，便沒有成功。自信是成功的一半，不充分認識這一點，有一天妳會連原來的一半也喪失。自信的人依靠自己的力量去實現目標，自卑的人則憑藉僥倖。自信者的失敗是一種命運的悲壯，自卑者的成功則是一種命運的悲哀。

古往今來，許多人之所以失敗，究其原因，不是因爲無能，而是因爲不自信。自信，使不可能成爲可能，使可能成爲事實。不自信，使可能變成不可能，使不可能變成毫無希望。

一分自信，一分成功；十分自信，十分成功。

自信與不斷的勝利有關，不自信與接連遭受挫折有關。當妳不自信的時候，就難於做好任何事；當妳什麼也做不好時，妳就更加不自信，這是一種惡性循環。若想從這種惡性循環中解脫出來，重建自信心，妳不妨先把最有把握的事情做好。當妳不斷取得成功，就逐步重新建立了自信心。

要提防的是，自信外表下，往往掩藏著一種潛在的危險——狂妄。自信可以使妳從平凡走向輝煌，而狂妄則會使妳從峰頂跌入深谷。

如果妳總是問自己：「我能成功嗎？」這表示妳還難以擷取成功的花朵。當妳滿懷信心地對自己說：「我一定能成功！」這時，收穫的季節離妳已不遠了。

第二步，先考慮後行動

有人認爲努力工作就可以成功，又有人說要對命運充滿希望，有信心就能克服眼前的困難。我認爲要在適當的時候好好地把握眼前的機遇，在機會的面前好好地努力。就如一個人只有一元並不可怕，可怕的是連自己都失去了信心，這樣的人將會是永遠的失敗者。妳如何利用這一元呢？有人會把這日後成功的根本隨手扔了，這樣他就失去成功的最基本了。而有智慧的人會想盡辦法發揮這一元所具有的價值。請問，只剩下一元是不是失去了一切呢？

每一個過程中都有著得與失，只不過我們一心想著失去的，而沒有看到實際面。成功者在失敗面前沒有放棄，這就是他們成功的秘訣。

我們在失敗的面前要好好想想為什麼自己會失敗，找出失敗的原因並記取經驗，經過了多次歷練，就會在無意中發現自己，我們便有更好的條件去創造更大的成功了。而在成功的時候，我們要問一下自己為何會成功，使自己在做每一件事都可以先考慮而後行動，然後就會在不知不覺中明白，成功的秘訣便是這麼簡單了。

第三步，讓別人幫助妳事業成功的同時，妳也要對他們的事業有所幫助

有一位年輕的壽險推銷員無法向一些家長賣出保單。他思前想後，找到了問題所在。

畢竟，從家庭預算中拿出錢來，就意味著要失去錢，但如果從做生意的角度來看則不然，生意的成本花費可以提供將錢數倍賺回來的機會。

於是，這位壽險推銷員開始從城裡的一家大餐廳老闆著手。他建議這個老闆說：「你或許可以為餐廳所提供的食物做一些廣告，告訴那些在餐廳吃飯的人可能會活得更健康有保障。」

這家餐廳的主人讚同說這眞是個好主意。

「很好，」壽險推銷員說。接著，開始解釋他自己的計畫。

聽完壽險推銷員的計畫後，餐廳老闆爲每一位常客投保一千元。這項服務使飯店的生意蒸蒸日上，不用說，這當然也幫助了這位年輕的壽險推銷員。他將此觀念擴展到加油站、大型雜貨店和其他的地方。這位年輕推銷員後來還在貸款中加入壽險觀念，被保險人在死亡後，其貸款將有保險賠償金代爲償還。

有時，一個人什麼都做不好，兩個人合作不但效果佳，而且雙方都達到自己滿意的成果。現在，妳是不是要想一想：我要怎樣才能和人建立互利的合作事業？

第四步，教他人如何從付出的金錢中得到更多的報酬

有這樣一個年輕人，他在爲一家雜誌經銷商打工時，留意到許多印刷工作其實可以做得更精美。這個年輕人進一步去瞭解印刷，然後進入一家大印刷公司。他以一〇%的佣金介紹印刷工作，然後去一些印刷品大用戶那裡收集樣本，帶回家研究。

他選了兩份明顯需要改進的小冊子，和一位商業設計師準備多份設計小樣。然後拿著修改過的精美樣本回到客戶的公司，說明小冊子可以改進得多好。這些客戶看到實際成果，無不「龍心大悅」，都把工作發包給他，讓年輕人做起了大生意。

現在，請妳想一想：如何幫助他人從付出的金錢中得到更多的收益，或者使他從此一直依賴妳的專業？

第五步，聯結生產者與消費者

一座位於山區鄉間的孤立農場道路泥濘，唯一的交通工具是馬車。農民要費一番艱辛才能將貨品運到市場上，並爲達到這個目的想盡各種辦法。

經濟的發展，使我們生活中的每樣東西都能互聯成網路。比如，汽車發明後，道路便需要改善，結果眞的改善了。現在，農民可以將他們的貨物運到比以前遠十倍的距離，而且仍然能在當天晚上回到家。不久，有人在城鎮間設立一個交易中心，農戶都希望成爲這個交易中心的供應商。

以前，農民只能依賴一年才來兩次的小販，肩扛大袋子用步行的方式，提供農戶太太針線之類的東西，提供農民煙草和魚貨，還有最重要的——提供資訊。人們過去對資訊是多麼的渴望！小販一定比農民富有，因爲他充當聯絡生產者與消費者的關鍵橋梁。

還有，農民想買牲口時，經常要依賴掮客的協助。他幫助雙方達成價格上的協定，然後握手完成交易，因此通常賺得比農民多，因爲他將生產者與消費者拉在一起。

不知道妳有沒有聽過前蘇聯老百姓的抱怨。他們要花數小時在分門別類的食物店前大排長龍。最後，他們採用美國的構想，將許多生產者和消費者聚集在方便的超級市場內。這種商品買賣的革命使一部分人大賺一筆，特別像是超市商，以及由超市衍生的停車場。許多懂得抓住潮流的地產擁有者，則從中得到了高附加利潤。

有一位女士獨居在一片爲矮松所覆蓋的二十畝貧瘠土地上。她決定賣掉這個老家園。鄰居歎著氣告訴她，她賣不了多少錢的。一名當地的地產經紀人提出一個卑微的價格。然而，這位女士覺得自己的農場一定會有其他的用途，於是她花三十天時間進行了一番密切的調查。她發現可以將自己的土地當成一座具備草地與騎道的完善馬場出售，價格是地產經紀人提出的兩倍價錢。

與此同時，她也研究了該地區的一些超市。她斷定她的農場絕對是一個開設超市的好地點。最後，她以五倍於地產經紀人的價格，將這個老家園賣給了超市。

有人認爲如今公路交通如此暢通，郵購公司也將會慢慢從我們身邊消失。畢竟，當我們可以到商店親自購物時，何必要從沒有看到實物的目錄中買東西呢？事實卻證明，郵購業仍繼續蓬勃發展。

儘管郵資不斷上漲，但數以千計的郵購生意卻因販賣各式各樣的物品而生意興隆，所賣的物品從印有新費率的郵資表，到書籍、家居設備、醃漬和新鮮的食物、維他命、休閒設備、船隻必須品……品項應有盡有。

爲什麼會這樣？因爲時代雖然在變，但普遍的需求總是持續不斷。消費者仍習慣透過零售商來購物。讓消費者知道他可以塡妥訂購單，然後寄出去，店家將確保他所需的東西迅速送達，這是聯繫生產者與消費者的好辦法。

現在，妳是不是要想一想：如何聯結生產者和消費者？

窮人的飯碗和富人的飯碗

想賺更多的錢，至少要有個基本理念——讓別人去爲妳賺錢。如果只靠自己一雙手，妳就是累死也僅僅夠糊口。

妳憑什麼讓別人爲妳賺錢呢？人都不是傻子，別人幫妳做事，肯定是有求於妳，所以妳對別人來說必須是有益的。

沒有付出就不要想得到回報，妳只知道自己賺錢，有了錢就揣在口袋裡，唯恐掏出一分錢，這輩子妳只能是受僱於人的命。

窮人都很重視飯碗，捧著就不放手，一切心思只想把飯盛滿。可是碗的容量畢竟有限，只有那麼大，裝滿了又能怎樣，又能吃上幾口？吃完又要去盛，永遠沒完。

妳就沒有想過把碗做大嗎？

窮人首先面臨的問題是饑餓，長期生存在饑餓狀況下，天長日久養成饑餓思維，哪怕有一天溫飽問題已經解決，他的眼光還是在飯碗裡打轉。捨不得放棄月薪，是窮人的固有心理。他們一直都是從別人手裡領錢，如果有一天從自己手裡發錢給別人，那確實很不是滋味。

但是邁不出這一步，妳就永遠不可能成爲眞正的富人。

什麼是富人？富人是那些不上班就可以過得很好的人。怎樣才能不工作呢？這恐怕是習慣勞動的窮人莫大的難題，想不清楚。

一定要讓別人爲妳工作，這就是正確答案。而要做到這一點，妳自己得有碼頭。碼頭蓋好了，自然就會有船來靠。

致富是一項團隊活動。靠一個人的努力很難變富。妳得擁有一些出色的朋友和夥伴，他們可能是股票經紀人、財務分析師、律師。妳有沒有這樣的團隊？妳的周圍有沒有富人和聰明人？妳成本最高的建議就是不花錢的建議，比如說妳大舅子、妳姐夫，或者什麼親戚的建議，它們可能讓你血本無歸。僅有金錢不能使妳變富，妳需要有富人的觀念、富人的班底、富人的心態。」

窮人擁有一份職業，而職業不會使妳變富。工作帶給妳錢，但是又流出去了。富人有資產爲他們賺錢，他們雖然沒有工作，但他們不斷地改進他們所受的教育，提升資產的利用效率。

第五堂

別做忙碌的傻瓜——學會讓金錢為妳工作

我們每個人都在不停地賺錢，大部分人都以為，也只有不停地賺錢，才能得到更多的錢。然而，事實卻告訴我們：不停地賺錢並不能使我們擁有更多的錢！

第一節　關於金錢的基本規律

世界上絕大多數人爲了財富奮鬥終生而不可得，其主要原因在於，雖然他們都曾在學校中學習多年，卻從未眞正學習到關於金錢的知識。結果就是他們只知道爲了錢而拼命工作，卻從不去思考如何讓錢爲他們工作。

很多人都在不停地爲公司老闆工作，他們透過繳稅爲政府工作，透過付房屋貸款爲銀行工作，可是等待他們的只是越來越多的債務和催款單，所以他們只有再加倍努力工作，又獲取更多的債務，於是陷於財務緊張的惡性循環不能自拔。這也就像是羅伯特・T・清崎所說的，陷入了「老鼠賽跑」的陷阱，努力工作最後得到的，卻是一把帳單。大部分人之所以有這樣的結果，就是因爲他們相信找一份工作，並爲錢工作更容易一些，可是他們不知道如何理財、如何投資，因爲缺乏財務知識而陷入困境。

大家都應該相信自己有理財的天賦，只是這種天賦一直處於休眠狀態。它爲什麼休眠？那是因爲我們把對金錢的需求視爲萬惡之源。這種觀念讓我們學習某種技能，並爲金錢而工作，可是這種觀念卻沒能教我們如何讓金錢來爲我們工作。

大多數人都沒有掌握金錢眞正的運轉規律，所以終生都在爲錢而工作。想要成爲金錢的主人，就要學會不爲錢而工作的第一步——學習更多的理財知識，並付諸行動。

・第一步：賺錢是為自己而不是為他人

每個人拿到薪水的時候，首先支付各種帳單，如電費、水費、房租、電話費、交通費、物業管理費、孩子的教育費、生活用品費等，一旦除去這些費用已所剩無幾，所以說，我們掙錢完全是爲別人，而不是爲自己。

可是爲別人掙錢，自己就不會有強烈的欲望和動力，也就沒有熱情去掙更多的錢。富人的習慣卻是先把錢支付給自己，當然每月的各種帳單還是要支付的，這樣就會有更大的壓力，迫使他們尋求其他形式的收入，壓力於是成爲工作的動力，迫使自己努力工作、思考、做更多額外的工作，更重要的，是迫使自己在錢的問題上更精明、更積極主動。

然而，對於那些先支付帳單，後支付給自己的人，他們就不會感覺到有任何壓力，錢多也可以，錢少也能生活，沒有壓迫感，自然也就沒有賺更多錢的動力。

迫使自己考慮如何掙到額外的錢，就好比去健身房做負重練習，妳思想上的「金錢肌肉」越發達，妳就越強大，不必再害怕任何人了。

當妳資金短缺時，應該去承受外在壓力，而不是動用妳的儲蓄或投資，只有利用這種壓力來激發妳的財務天賦，想出新辦法掙到更多的錢，方能提高妳賺錢的能力，並提高妳的理財智商。

第二步：收入並不代表財富

什麼是財富呢？很多人都不知道該如何回答這個問題，因爲他們都不知道何謂財富。所以說掙大錢並不意味著財富，因爲妳只是賺大錢而不是擁有大錢。其實致富並不是妳賺了多少錢，而是妳留下了多少錢。賺十萬，花十萬，那麼妳並沒有致富；賺十萬，花十一萬，妳還負債一萬。

沒有人會純粹因爲掙錢多而發財。只有當妳把握金錢時，方有財富可言。很多人誤以爲「只要我能夠賺大錢，情況就會轉變」，實際上並非如此。因爲生活水準總是隨著收入水準而水漲船高，妳的需要總是和妳的擁有差不多持平。假如妳今天賺的錢不夠花，那麼將來仍然會不夠花，即使妳的收入翻一倍也是一樣，因爲花費比例沒有縮小。所以說，富有不能單憑妳賺了多少錢來決定，而是在於妳存了多少錢。

第三步：學會放棄才會不斷賺錢

仔細觀察賭徒，發現大部分都是不肯放棄每一次機會，直到輸得精光。離開賭場後還能贏錢的，都是懂得適時收手的人。學會放棄，最少可以延緩妳輸錢的速度，保持一定的現金，一旦機會來了，才有贏錢機會。所以我們經常看到，牌桌上的朋友在長時間不開胡的時候，總會先休息一下，找個人頂替換換手。

股市也是一樣，不要強迫自己把握每一個機會，當感覺自己已經看不懂的時候，就要學會放棄，果斷離場，持幣觀望，放棄所有的，只抓住一次眞正的賺錢機會，雖然就一次，可是妳還是贏家。

很多人來股市不是來賺錢的，雖然心裡想賺錢，實際操作的心態卻是來送錢的，僅僅是在互相攀比著誰輸錢的速度慢！常聽人說，大盤跌了六〇%，我那股才跌三〇%，比妳那股好啊！這樣的心態炒股不輸才怪！試想，在百貨公司美食街或夜市開店的老闆們，哪個會因爲比其他店虧得少而自豪啊？

進股市先學到的該是怎樣不輸錢，然後再談賺錢，學會賺錢並不難，難的是要學會不斷的賺錢，只有學會了不斷的賺錢，才能成爲股市裡的贏家。

每個成功的人都是先賺錢，再存錢，然後再賺錢，再存錢；最後存夠了錢再投資，再賺錢，再存錢，再投資，只有存夠了錢，最後才開始花錢。

而貧窮的人只是先花錢，不存錢，也不投資，到最後賺的錢也不夠，每當自己賺到錢就會把它花光，而且總是覺得不夠花，花光了也不會賺，賺不著就借。

可是妳如果把自己賺來的錢先付自己一〇%存起來，過一段時間，再提升存款的比例，一年以後，妳的經濟一定會有非常大的改善。

有一個農民養了一隻鵝，有一天，他在查看穀倉時，無意在鵝巢裡發現了一枚金蛋。他高興得不得了，賣掉金蛋，換了很多錢。第二天天還沒亮，他就去看那隻鵝，是否又下了金蛋。果然，鵝巢裡又添了一枚金蛋。從此以後，農夫每天早晨都撿到一枚金蛋，他靠賣金蛋變得非常富有。但這個農夫是個貪得無厭的人，他想，爲什麼鵝每天只下一枚金蛋，他想知道鵝如何下金蛋，以便如法炮製。他變得越來越急躁，最後用一把刀將鵝剁成兩半，他找到的全都是未成形的蛋。這個故事告訴我們，殺鵝取卵不可行。可是現在多數人的行爲不正是如此嗎？鵝就好比是資本，金蛋好比是利息。無本當然沒有利息。因爲大多數人花光、用光，所以就永遠無法養活一隻鵝。他們把幼鵝扼殺在搖籃裡，連金蛋的影子也未曾看到。

記住，只要沒有自己的下蛋鵝，不管掙多少錢，妳仍然只是在爲別人賺錢。

只有依靠資本生活，妳才算擁有財富，這時的錢是在爲妳工作，而妳也就成爲金錢的主人。所以說能賺錢並不算富有，只有掌握錢才算富有。記得不要使自己成爲賺錢機器，而應該成爲擁有賺錢機器的人。

第二節　找到妳的賺錢機器

興趣與職業選擇

現在有兩份工作擺在妳面前：一份工資待遇高，但與自己的興趣並不吻合；另一份工資待遇低，卻是自己喜歡的。妳將如何選擇呢？

「我會選擇自己喜歡的工作。」相信大多數人都會這樣回答。之所以如此，是因爲它不過是一個假設。現代社會價值觀不斷教導人們要「自由選擇」，要選擇「對人生有價值的東西」。但是，一旦面對現實，我們的心理天平就會失去平衡。尤其是當收入水準的差距超出了我們心理承受能力時，大多數人都會失衡。

「先接受那份待遇高而自己不感興趣的工作，積累一定的財富後，再去追求自己的興趣、愛好也不遲啊！」這才是大多數人的眞實想法。

有一項針對一千五百名哈佛商學院畢業生的研究，追蹤他們從一九六〇年到一九八〇年的事業發展。這些畢業生在一開始就被分成兩組，第一組的人說想先賺錢，然後才能做自己想做的事。第二組的人則先追求他們眞正的興趣，認爲以後財源自然會滾滾而來。

其中，想先賺錢的第一組占八十三%，有一二百四五人，甘願冒風險的第二組占十七%，有二五五人。二十年後，兩組共有一〇一名百萬富翁，而第一組只有一個人，另一百人全屬於第二組。

妳，決定要走哪一條路？

有些窮人之所以賺不到更多錢，是因爲他們認爲只要薪水高，興趣符不符合並不重要，只要能賺錢，等賺到錢再說。富人之所以富，就是因爲當初找到一份與自己興趣相投的工作。

興趣對職業選擇的重要性可能是妳始料不及的。一開始影響妳選擇的，往往是薪水高低等因素，但妳慢慢會發現，如果長期從事自己不喜歡的工作，會倍感厭倦，妳就會變成一個沒有生命力的賺錢機器。

很多人都忽視了這樣一個事實：工作本身也是生活的一部分，工作品質的高低決定了生活品質的高低。工作並不是毫無感情的，它對於人生的意義絕不亞於衣食住行。實際上，它更是妳實現理想的途徑，是使妳生活得快樂、幸福的隱形伴侶。

對於現代人而言，工作不只是單純爲了解決吃飯問題，人們更希望透過工作或事業的發展來達到自我價値的肯定。

一項工作不僅僅是花上幾個小時來賺得一份薪水，而且是妳得以將自己的天賦貢獻給世人的最偉大禮物。如果妳認定工作（work）意味著心甘情願地（willingly）向他人提供（offer）資源（resources）和知識（knowledge），那麼妳的生活就會發生轉變。

要賺錢——賺很多很多錢，首先妳必須做自己喜歡的事。原因很簡單，如果妳不喜歡妳的工作，妳就不可能把它做好。

如果我們花畢生的時間做我們不喜歡做的事，我們可能會付出沈重的代價：一個找不到眞正歸宿的失根靈魂，以及一個非我們願意過的失衡生活。從事一份能表現眞我的工作，而不必扮演虛僞角色或被動地爲別人工作。當一個人從事自己所喜歡的職業時，他的心情是愉快的，態度是積極的，而且也很有可能在所喜歡的領域裡發揮最大的才能，創造最佳的成績。

「我到底喜歡什麼？」這是每一個人在面臨人生選擇的時候必須回答的問題。

瞭解自己的喜好，傾聽自己內心的聲音，這是最重要的。愛好是最好的老師，只有愛好才能充分激發生命的激情和創造性，從而引領我們走向成功。人生最大的失敗不在於妳沒有得到妳想得到的，而在於妳沒有去做妳想做的。在我看來，幸福的一生就是一直能做自己喜歡的事情。

但是在現實生活中，大多數人在做他們討厭的工作，卻又必須逼自己把討厭的事情做好。他們對工作缺少熱情，找不到工作的樂趣，常常失去動力。

不信，可以去調查一下，看看有多少人對自己的工作是感興趣的、滿意的。很多人工作只是爲了賺錢。「感謝上帝，今天終於星期五了！」那些爲掙錢而工作的人，口中經常叨念著這句話。

如果妳上班只是爲了掙錢，那麼日子就會變得很長，工作也會顯得很枯燥，妳每天都在盼望的就是擺脫工作的那一刻。厭倦並非來自超負荷工作，而是因爲妳對自己的工作毫無興趣。在工具性的觀點下，工作是爲了賺取收入來支持我們去做工作外眞正想做的事情，這是典型消費者導向的工作觀，認定工作只是產生收入的工具。如果妳僅僅是爲了錢而工作，那麼妳的收入一定不會太高。

美國赫門米勒傢俱公司的總裁賽蒙曾經說過：「爲什麼工作不能夠是我們生命

中美好的事情？爲什麼我們把工作看成是一件不得不做的事情，而未能珍惜和讚美它？爲什麼工作不能夠是人們終其一生發展道德與價值觀、表現人文關懷與藝術的基石？爲什麼人們不能從工作中去體會事物設計的美，感受過程的美，並試著欣賞可持之恒久的價值之美？」

「通用之神」威爾許推崇美國當代思想家彼德．雷根，他覺得雷根將人生面對選擇的意義講得十分透徹：「要麼就做第一或第二，要麼就轉行。」

在這個多元化的社會，人的一生不再只有一次選擇，如果擇業執意於一個方向，日後說不定會後悔。當然，如果一開始就知道自己一生要追求的目標，這個目標又能讓自己生活如意，這樣的執意也不礙事，可是事情往往不盡如人意，大學畢業進公司，兢兢業業工作幾年，但主管不賞識，想跳槽又無所適從；年過三十，工作無所成就，想下海又怕嗆水；對這個行業的興趣漸漸喪失，可是已做得非常熟練，該不該改行……種種煩惱，經常使人困惑、迷茫。關於興趣，我們不妨看看兩位諾貝爾獎得主的說法。

一九七五年諾貝爾生理學和醫學獎得主、美國生物學家戴維．巴爾帝摩說：

「如果你想預測一個人是否成功，能否能成爲偉大的科學家，那麼我認爲他能否樂在其中是很重要的判斷依據。」

一九九四年諾貝爾生理學和醫學獎得主、美國藥理學家吉爾曼這樣說：「回想我的經歷，我最想告訴孩子的是，你要做什麼事情之前必須首先喜歡它，在做的過程中一定要感到快樂，這樣的事情才值得去做。」

當然，我們不可能人人都成爲科學家，更不可能人人成爲諾貝爾獎得主，但我們人人都可以在自己的工作中追求卓越和成功。現實生活中有多少人是卓越和成功的呢？成功者只占少數，大多數人是平凡者，這是因爲工作並非人們的興趣，人們只是爲生存而無奈地重複著自己的工作；工作既不是他們的天賦之所在，也不是他們熱愛的。他們沒有從事自己比較喜歡甚至是熱愛的工作或事業，他們沒有好好去想過做自己。

反之，我們可以嘗試得出以下結論：如果妳對自己所從事的工作十分感興趣，如果妳喜歡妳的工作，那麼對妳來說，每一天都是假日。

爲了生存，絕大多數人都做著與自己的愛好一點關係都沒有的職業。事實上，有七〇%的人討厭自己的職業。把工作變成遊戲，等到妳分不出工作與遊戲的差別，妳才能眞正開始賺大錢。工作與遊戲的本質，其實沒有什麼差別，兩者都需要耗費心力與體力，其間的差別只在妳的心態而已。有些人覺得演講是工作，但有些人卻覺得演講是遊戲。

聖國企管顧問股份有限公司總經理、國際成功學講師余正昭在解釋成功之道時說到，尋求成功最重要的一點是——找到你的方向。

舉凡成功者，他們成功的關鍵都是掌握了自身的優勢，並加倍強化這種優勢，完全投入到自己的喜好之中，將這種富有特長的興趣、愛好發揮到極致。因此，在選擇工作時，不要問自己可以賺多少錢或可以獲得多大名聲，而應該問自己對哪些工作最感興趣，而且可以最充分地發揮自己的潛能。要選擇那些能促進妳的發展，使妳雄心勃勃，將來會有所成就的工作。

不要認爲找到一份高薪的工作就等於賺到錢了，那是不對的，只有找到與自己興趣以及所學相投合的工作才算是眞正賺到錢了。不要讓自己成爲賺錢的機器，而要成爲賺錢機器的主人。

第三節　窮媽媽和富媽媽的理財方法

窮媽媽理財經

一、「開心」大把撒

小劉和丈夫都在某金融機構任職，月收入七萬餘元，小劉不善料理家務，平時花錢出手闊綽，特別是寶貝兒子丹丹上了幼稚園以後，更是如此。兩人很少開飯，常常光顧飯店、酒吧，每月到了月底總是錢袋空空，有時還不得不靠父母接濟，自己也弄不清錢到底都花在哪裡，只能在月底「空餘恨」。

理財失誤

1、每月領了薪水後，兩人把錢放進抽屜，然後各行其是。

2、對家庭財務狀況沒有清楚、明確的瞭解，該交水費、電費、手機費什麼的，從抽屜裡拿就是了。

3、錢入不敷出的時候，還懷著僥倖心理盼著從對方口袋裡掏出幾個錢來。

指導：建立一個家庭帳本。將每天的支出和收入分別記錄，至少該把大項支出都記下來，這樣心裡才有底。一個月下來，妳就明白什麼地方花了不該花的錢，慢慢地扭轉大把撒的「惡習」。

二、**「瞎摸」過日子**

王英和丈夫經常吵架，不是王英一下想不起存摺放在哪個抽屜，就是王英給丈夫洗衣服時忘了檢查口袋，幾張大鈔「付水東流」；還有管委會統一給每戶退安裝電錶的錢，王英搞不清單據在哪打盹；更令丈夫生氣的，是去年朋友剛送了一個按摩梳，王英又買回一把一模一樣的……

理財失誤

1、長期不進行家庭財產的清點和整理。

2、對家庭財產的品項、數量、價值、存放地點不聞不問。

3、記性差，經常找不到東西。

指導：馬上進行家庭資產清核、登記，隨時記錄下新購進的物品，並將物品進行分類保管；家裡的東西專物專放，比如用一個抽屜專門存放信用卡、存摺等，而其他單據另放一個抽屜裡。

三、因小失大

小玲很羨慕同事的衣著品味，全身上下名牌，無奈自己和老公都是受薪階層。一次，夫妻倆路過一家服裝店，名牌在大特賣。於是兩人瘋狂購物，還暗喜用一半的價錢就能享受名牌的感覺。誰知，那服裝一下水不是褪色就是縮水，直呼「上當」。

理財失誤

1、經常被商家的削價、特賣、集點促銷等策略所誘惑，不管自己是否需要，買回一堆自認爲便宜但不實用，或貨不眞價不實的物品。

2、爲省錢買次級品或盲目買「二手貨」，結果得不償失。

指導：按需要購買，不要一味貪圖便宜；貨比三家，用最少的錢獲得最大的收益；多吸取一些識別假冒與優劣的常識，練就一雙「火眼金睛」。

四、不考慮未來

三十歲的雪麗和先生都是網路設計師，月收入十萬多元。但雪麗不善料理家務，平時出手闊綽又馬虎。生完孩子後，雪麗仍然不知道該如何理財。她對兒子特別溺愛，只要寶貝兒子要的，她都往家裡搬，小到二十元的玩具熊，大到五千元的電動汽車；她還爲兒子買回一大堆昂貴的圖書，可是兒子看懂的沒有幾本，她又懶得讀給兒子聽，那些書便成了擺設。雪麗很少在家開飯，常常上館子。每次到了月底，家用總是捉襟見肘。「屋漏偏逢連夜雨」，雪麗沒想到孩子突然生重病住進醫院，在醫院住半個月就花了八萬元，看著病床上的兒子，雪麗既心疼，又爲大筆的住院費用焦急。她最後只好向好友借錢，兒子的病治好了，她卻欠了一筆債，還招來先生的嚴厲責怪，說她如果平常省著點，也不至於陷入如此窘境。

富媽媽的理財經

一．精打細算，省錢就是賺錢

三十三歲的于洋是圖書管理員，她的丈夫是公務員，有一個剛滿五歲的兒子，兩人年收入是一百二十八萬元。

理財絕招

能借的不買：給孩子購買各種書籍是非常昂貴的一筆支出，現在又都是獨生子女，看過一遍的書丟棄了是浪費，存放在家裡又佔用空間，因此，她在兒童圖書館爲孩子辦了借書證和閱覽證，可謂一舉多得。

天然和名牌並用：于洋和丈夫都喜歡名牌服飾，但他們的名牌都是在換季打折的時候購買的，平均便宜五到六折。而孩子的衣服絕對是全棉的。全家一年四季游泳、健身到附近的社區公園。

用買的更省：辦一張美容卡一年下來九千六百元，還要浪費路上或等候的時間，衛生問題也讓人不放心，於是，她索性花四萬五千元買了一台美容儀器，已經用了兩年，效果不錯，算起來還很划算。

二．**開源節流，錢用在刀口上**

三十四歲的趙雨是某報社的編輯，丈夫是印刷廠的業務員，兩人的年收入爲一百二十萬元，他們和六歲的兒子住在兩房一廳的公寓。

趙雨有一天突然請來一位提著筆記型電腦的女士，在家裡又是測量又是計算，弄得先生一頭霧水。原來她要裝修房間。過去是兒子一間房，大人一間房，她計畫把陽臺加冷氣，爲兒子設計一間和室，騰出兒子的房間給先生做書房兼兒子的琴房。裝修費是她連續三年沒參加公司旅遊，堅守崗位發的獎金。經過這一番整修，整個家有了煥然一新的亮麗。

趙雨的丈夫不吸煙、不飲酒，可是有個嗜好很花錢，就是愛喝飲料。一箱可樂三百塊錢，才幾天就全都咕嚕喝下去。於是，趙雨在家裡開起了「小型飲料廠」。她買了榨汁機，西瓜、草莓、柳橙五花八門的水果榨成鮮果汁給家人喝，趙雨說：「這比商店買的那些加味飲料更有營養。」

群益投信副總林莉現身說法

我大學一畢業，在台大商學系做了一年助教，然後出國念研究所，從那時起，工作與投資也伴隨著我念研究所、結婚生子、教育子女，一直到現在。回顧過去二十年的理財，確實因爲階段性需求不同，而有不一樣的理財心態與結果。養兒育女在人的一生中橫跨相當長的時間，需要投入大量的金錢、心力及時間，它的結果不但決定自己下半輩子生活，也會影響下一代的生活。

猶記一九八〇年到美國念研究所，也同時開始了我的職業婦女生涯。有了收入後，第一個念頭就是要儲蓄。定期存款安全、利息收入穩定，自然成爲我的主要理財工具。然而沒有多久，我發現如此保守的理財絕對無法應付將來養兒育女的生活開銷，於是我選擇了美林證券成爲我的理財顧問，開始認識美國的有價證券。美林證券的建議，是將資金配置在投資金礦的共同基金、股票及公債，以分散風險。

經過二十年各種投資嘗試後，我最大的心得就是，若要按部就班地生兒育女，無後顧之憂，並且在事業上有所成就，施展所學，一定要全心投入工作，而個人的理財規劃及執行就必須交給專業人士。

剛踏入社會的起步階段，尚未有紮實的經濟基礎，資金不多，唯有透過投資共同基金，讓專業基金經理人代爲管理。而未來二三十年爲自己、兒女創造美好生活所需要的資金十分龐大，若要倚賴每月的固定薪水和定期存款，絕對不會有餘錢或閒錢提高和改善生活品質。要兼顧財富投資與生活品質，又要能專心在事業上打拼，理財方式一定不能花太多時間及精神，那就非定期定額投資莫屬了。透過共同基金，可以將自己的資金交由專業經理人管理，而選擇績效好的股票型基金，並且長期投資，隨著時間的累積，會有很大的空間創造相當優渥的報酬率。

定期定額、長期投資績效好的基金是理財的第一步，它是帶領我認識投資理財的敲門磚，它的儲蓄觀念遠比定期存款要積極有效，唯有透過這種分散風險的積極投資，快速累積財富，才能做進一步的財務規劃，也讓我不用擔心生活中的偶發事件，不因臨時資金需求而打亂生活步調，並得以在不影響情緒的情況下，全心全意在工作上衝刺，成就我的事業目標，並提升家庭生活品質。

基於希望孩子比自己強的信念，爲人父母者都是殫精竭慮栽培子女。而在無怨無悔的信念下，養育一個孩子從幼稚園到大學畢業，需要天文數字的費用，孩子如果念的是私立學校，還想才藝訓練、語言進修，費用更可觀。子女的教育是無法等待的，因此必須避免以父母的收入來決定子女的教育品質。

而一個好的理財計畫也應該是簡單可行並兼具安全、獲利及變現性的。定期定額非常適合中長期理財目標，如籌措出國留學、子女教育、退休基金等。如果是可投資金額不多，又不會找市場買賣點的投資人，透過定期定額可以克服一般人逢低不敢買，逢高又追價的投資弱點，不需要費心考慮何時進場。等到財富累積到一定程度，可用於投資的資金較充裕，且有較好的理財觀，不會因投資盈虧而影響情緒及日常作息後，再嘗試做單筆投資。在穩健中求財富，相信身爲偉大的母親也是可以輕鬆地養兒育女，並保有自己的生活品質。

智慧型富媽媽的理財經

剛結婚的時候，陳玲與先生可謂典型的「漏斗夫妻」，雖然兩人每月加起來有近十二萬元的收入，卻經常花得所剩無幾。直到家裡添丁，兩人才慌了神。陳玲決定要為家裡「儲糧」了。

做媽媽後的陳玲改變了以前的衝動消費，每次都帶著計算機逛超市，讓螢幕上飛漲的數字做為抵擋誘惑的武器。而且這樣可以自我核算，避免結帳錯誤。同時，她還給自己規定時間，逛超市一般不超過十五分鐘，只要買到所需的東西就撤退。

陳玲認為最花錢的開銷就是女兒看病。為此，她給女兒辦了醫療保險，並特地從書局買來一些醫療保健和生活常識的書，增強自我預防疾病的意識，省了不少醫療開銷。她還在圖書館為女兒辦了借書證和閱覽證，省下大筆買書錢。在陳玲多方面的節約理財下，存摺上的數目一路累加，她取出一部分買了家庭意外及醫療保障險，也買了點適當的教育基金，讓女兒的未來得到足夠保障。

陳玲是善於理財的智慧型「富媽媽」。理財在家庭經濟生活中的地位很重要，俗話說得好：「用一分鐘時間去賺錢，得花五分鐘的時間去理財。」想使家庭生活其樂融融、條理有序，正確的理財之道必不可少。各位媽媽要像陳玲那樣克制衝動消費，將錢用在更有滿足感、更具實質性的地方，同時還要準備一些備用金，畢竟每個家庭都會有不時之需。

窮媽媽理財的十個盲點

1、**對自己沒有信心**。多數女性對數字、繁雜的經濟分析沒有興趣，而且不認爲自己有能力可以做好，總認爲投資理財是一件很難很難的事，非自己能力所及。

2、**缺乏專業知識**。投資理財要看統計數字、總體及個體經濟分析，並考慮政治等因素對理財投資的影響，然後做綜合的研判。這些對一般非科班出身的女性，或根本很少接觸這類知識的女性來說，確實是一大限制。

3、**沒有時間**。一般女性上班時是個稱職的職業婦女，下班後是個全能的太太、媽媽和管家，這些身份已經叫人體力透支，自然無暇研究需要聚精會神做功課的投資大計。

4、**害怕有去無回**。認爲投資等於賺錢，無法忍受投資的過程有損失的可能。

5、**環境使然**。從小根深蒂固的觀念，就是把錢放在銀行最安全。

6、**害怕錢不在手邊的感覺**。守成心態讓很多女性很怕手上沒有錢的感覺，現金要多才有安全感，隨時摸得到、拿得到，所以把錢放出去投資，導致戶頭空空、手上空空，心中就不踏實。

7、**耳根軟**。一些女性在投資時非常沒有自信，又對複雜的研究避之唯恐不及，所以投資時顯得沒有主見。

8、**跨不出第一步**。想投資做生意、買股票、買基金，也都明白投資理財的好處，但就是只有心動沒有行動。

9、**懶得花心思**。這是大多數人的通病，今天懶得動，明天懶得想，時間就這樣消耗掉了。

10、**優柔寡斷**。患得患失讓本來就信心不足的女性更加裹足不前，買了懷疑是否買對，賣了又怕賣錯，女性投資有時就缺了些豪氣。

富媽媽教給窮媽媽理財十大對策

1、**相信自己能做得到**。許多女性在各自專精的領域已經相當傑出，而理財可能因爲不是自己的專業，似乎有些不夠自信。但事關自己未來生活的保障，女性應該收拾心情，多瞭解一些理財的事。不妨考慮交一個眞正會理財的好朋友，諮詢可靠的理財專家，或是多閱讀一些理財方面的報刊、書籍。其實以女性的敏銳思考能力，假以時日，絕對能把自己培養成爲理財高手。

2、**廣泛涉獵相關知識**。女性喜歡錢的程度不亞於男人，既然如此，何不努力多搜集相關資訊，找出一套適合自己的投資理財方法，讓投資代替存錢。

3、**時間可以自己找**。上班很忙，下班很累，要找時間多瞭解投資的事似乎很困難。事實上，時間可以自己找。只要午休時間翻翻專業報紙，花個十分鐘瞭解投資資訊，或是晚上看電視時，找些專業投資節目或新聞節目，瞭解一下宏觀經濟狀況，也可以理解利率、貨幣狀況，對投資多少都有些好處。

4、**勇於克服恐懼**。認識理財是讓女性免於恐懼的第一步，一旦認清投資理財的本質，就能找出最安全的投資管道，這樣就不會患得患失。

5、**讓自己成爲帶動者**。如果妳身邊的親朋好友都只用傳統的方式理財，不妨就從自己開始，帶動大家一起學習各種理財方法，並研究討論，相信有一天，妳們都會是投資理財的高手。

6、**新女性不握現金新主張**。現在已經不流行身懷巨款去消費了，用信用卡、電子錢包就可以搞定一切。只需在銀行戶頭裡存夠半年用的生活費，剩下的錢應該放在獲利高的投資工具裡。只要對理財有正確的認識，就不會把很多錢放在銀行裡生小利。

7、**自有定見就不貪**。認識投資理財的本質，設定自己的獲利滿足點、止損點。不論投資什麼標的，知道所謂的逢低買進，逢高獲利了結，也就不會跟著市場起舞；而深入瞭解投資，也會知道在適當的時間選擇買進正確的投資標的。

8、**好的開始是成功的一半**。不管多不瞭解或是多瞭解投資，付諸行動是獲利的必然條件。

9、**業精於勤荒於嬉**。跟天下沒有醜女人，只有懶女人的道理一樣，天下沒有窮女人，只有懶女人。閒暇時間多閱讀專業相關書籍、報刊或上網，交些在理財上有相當經驗的朋友，彼此切磋等，都可以把看似困難的理財與自己的生活結合。

10、**當機立斷**。再長篇大論的投資道理，最終仍要回歸單純。重要的是先瞭解投資的眞諦，然後當機立斷。投資後確定決策錯誤，立刻止損離場。而找到好的標的，經濟景氣也不錯時，則該毫不猶豫地進場做一個長波段投資。

第四節　讓理財成為一種習慣

理財並不是要培養妳成爲百萬富翁、億萬富翁，而是自我充實一種科學、有效的金錢管理觀念，使自己的生活水準一天天變好，帶給我們安全感和成就感。看看富人們怎樣理財，從中妳也許能學會一些理財的觀念。

世界首富比爾．蓋茲聚財的速度快得驚人，僅用十三年時間就積累了富可敵國的龐大資產，美國的傳媒常常不由自主地將他神化。比爾．蓋茲究竟有什麼投資祕方呢？他是如何打理這份巨額資產的呢？比爾．蓋茲雖然是一個頂尖級電腦奇才，但在理財的具體操作方面難免「技不如人」，因而聘請了「金管家」。一九九四年，比爾．蓋茲在微軟股票之外的財產已超過四億美元時，聘請了年僅三十三歲的勞森做爲他的投資經理，並答應勞森說，如果微軟股價一直上揚的話，勞森就可以用更多的錢進行其他投資。

除了五十億美元的私人投資組合外，勞森還是比爾．蓋茲捐資成立的兩個基金的投資管理人。比爾·蓋茲對這兩個基金的捐贈，是以過戶自己名下的微軟股份給這兩個基金的方式進行的。勞森的工作就是將這些股份以最好的價錢售出，並在適當的時候買進債券或其他投資工具。經過專家的打理，這兩個基金的每年稅捐已經是名列《財富》五百大的後幾家公司淨收入。

比爾·蓋茲和一位朋友同車前往希爾頓飯店開會，由於去遲了，找不到車位。他的朋友建議把車停在飯店的貴賓車位。

「噢！這要花十二美元，可不是個好價錢。」比爾·蓋茲不同意。

「我來付。」他的朋友說。

「這不好，」比爾·蓋茲堅持道，「他們超值收費。」

由於比爾·蓋茲的固執，汽車最終沒停放在貴賓車位上。到底是什麼原因使比爾·蓋茲不願多花錢將車停在貴賓車位呢？其實原因很簡單，比爾·蓋茲身爲一位天才商人，深深懂得花錢應像炒菜放鹽一樣恰到好處。大家都知道鹽的妙用。鹽少了，菜淡而無味；鹽多了，苦鹹難咽，哪怕只是很少的幾塊錢，甚至幾分錢，也要讓每一分錢發揮最大的效益。一個人只有用好了每一分錢，才能做到事業有成，生活幸福。

理財應該是一個長期的規劃，而不只是一時衝動，需要的是正確的心態和理性的選擇，然後就是堅持再堅持。

第五節　窮人更需要理財

在今天經濟發展日趨快速的前提下，人們的理財意識開始發生轉變。其中最爲突出的，是人們對資金增値的要求已經成爲共識。

股票、債券、期貨、儲蓄、外匯、保險……這些投資工具所涵蓋的生活範圍日益擴大，因此個人財務的管理將成爲一種時尚，愈善於理財的人，生活愈豐富、輕鬆。事實上，理財並非今天才有的事，它無時無處不存在於日常生活中。在妳拿到第一份薪水時、當妳繳納每月的水電開支時、當妳準備購置一臺彩色電視機時，理財便由此開始。但眞正的理財絕不僅限於此，它的好壞將直接影響妳的生活。

生活的舒適與否，不在手上的錢有多少，而在是否用好了手頭的錢

但是，理財卻常常被人們所忽略，究其原因，有的人認爲自己沒有足夠的資產，談不上理財，理財是有錢人的專利。其實，窮人比富人更需要理財。因爲資金減少對富人來說影響不是很大，對窮人來說則恰恰相反。

有的人認為現有的財務已處理得很好，但在投資機會繁雜的今天，投資決策並非輕而易舉，投資失利導致資產貶值的情況隨時可能發生。

有的人認為自己工作繁忙，無暇顧及個人財務，但妳若是科學地理財，便能事半功倍，輕鬆享受人生。

有的人認為理財常常是為疾病、失業、風險而做的打算，這些都是生活忌諱。但「人無遠慮，必有近憂」，倘若在急需要用錢時捉襟見肘，豈不是更加困窘嗎？

無論是窮是富，人人都要學會理財。富人有生活目標，窮人一樣也有，所以每個人都需要學會透過理財來改善財務狀況。

有人覺得自己的收入很少，根本就沒有錢可理財，沒有資格去談理財，認為理財是富人的專利，離自己有點遠。這樣想是錯的。其實生活是否過得舒適，很重要的一點在於妳是否用好了手頭的錢，而不是取決於妳手上有多少錢，這就是理財成為一門學問的原因。理財不只是追求高收益，理財的價值所在是：解決家庭財務問題，提高生活水準，更有效地實現人生目標。

其實大多數富人都是透過合理的理財和努力的工作而獲得財富。相對來說，他們更懂得理財，知道理財給他們帶來的幫助。所以，窮人希望自己變得有錢，一樣可以讓理財來幫助自己實現財務自由。理財的關鍵無非就是開源節流，開源少不了工作，而節流則要注意生活和財務規劃。我特別要強調的一點，就是如何防範風險，把目光放遠。

大多數人在消費的時候，從不算清楚今天花掉了多少，事實上支出的錢會比想像的要多，而記帳可以改善這種狀況。把支出分類別來記帳，爲的是讓自己清楚錢去哪裡了，知道哪些地方可以減少開支，並把結餘存起來，這就是積累資金的開始。這不是說不花錢，而是把錢花出最大的價值。該花的錢和不該花的錢一定要分清楚。我們可以列表寫出自己的資產情況，比如年固定收入、房產、銀行存款等等，做到心裡有數。掌握資產情況，才能形成計畫，比如，近期要購買什麼，或者希望將來達到多少資產等等。一定要養成關注細節的習慣，這個可能要花點工夫，但是養成習慣後，就終身受用了。

理財也是風險管理

不管是富人還是窮人，遇到一些風險就會造成很大的財務損失，富人可能頃刻間破產。窮人也一樣要透過理財來防範風險，而以下幾種風險是特別需要注意的。

1. **債務風險**。我們一般會想到投資有風險，卻忽視了債務風險。貸款過多，存在隱患，萬一遇到收入減少，或重大疾病等等，就容易成爲「負翁」了。所以要將還貸金額控制在自己可以承受的範圍內，保證家庭的生活品質。

2. **流動性風險**。很多人把手頭的錢都拿去做投資了，比如房產投資，現金留存不多，如果有緊急情況，一時拿不出錢來，就會出現流動性風險。所以我們應該留出三個月家庭收入的資金，只放在銀行或者購買貨幣市場基金，以備急用。

3. **意外風險**。家庭成員中遇到意外事故，或者失業等，都會對家庭的經濟狀況帶來影響。透過購買保險來轉移風險，是一種有效的辦法。不要認爲購買保險是浪費錢，有了全面的保障，才能給家人多一份安心，過得更幸福。此外，平時注意身體健康，是防範風險的重要方法。

人不能沒有目標地活著，要給自己設一定的目標，理財也需要目標。無論是窮人還是富人，把目標放遠，擬定短期和長期目標，才能更早實現自己的人生價值。

短期目標是指近一兩年內希望達到的目標。長期規劃是超過十年的計畫。窮人可以爲將來某年達到多少資產、達到怎樣的生活水準制訂一個標準，並且列出達到目標的方案。一般會包含：成家置業規劃、養育子女規劃、婚姻遺產規劃、退休養老規劃。有了目標的人，奮鬥就有方向，生活才有品質。只有這樣才能給整個家庭帶來和諧和財富。

人們常常誤解理財就是生財，就是投資賺錢。這種狹隘的理財觀念並不能達到理財的最終目的。理財就是善用錢財，使個人以及家庭的財務狀況處於最佳狀態，從而提高生活品質。但對於錢不多的家庭來說，順利的學業、美滿的婚姻、悠閒的晚年，是多數人的追求目標。而在實現生活目標中，金錢往往扮演著重要的角色。如何有效利用每一分錢，及時把握每一個投資機會，便是理財所要解決的。

理財的訣竅是開源、節流，累積資金收入。所謂節流，便是計畫消費、預算開支。理財不單只是爲了發財，而是爲了豐富個人生活內涵。成功的理財可以增加收入，減少不必要的支出，改善個人或家庭的生活水準，享有寬裕的經濟能力，儲備未來的養老所需。

所以，我們越早學會理財越好，無論妳有錢還是沒錢，儘早形成理財觀念，掌握自己的資金出入情況，有意識地累積資金，對窮人來說是非常重要的，這也是他們的致富之道。

第六節　樹立正確的理財觀

很多人習慣把「理財」與「發財」之間畫上等號，所以「理財」兩個字往往會引人遐思。他們認爲理財就是發財，總覺得可以輕易找到許多一夜致富的機會。抱有這樣想法的人，在投資的時候就會爲了追求更高的報酬而忽視了高報酬後面的高風險。其實，由於不當理財而造成資產縮水的大有人在。

理財不等於發財

在股市行情大好的時候，李明看到了欣欣向榮的股市和「錢」途，就將自己的一處房產以六百萬元的價格變賣，進入股市。選取股票的時候，他也煞有介事地研究了很多證券類報紙和電視裡股評專家的推薦，毅然決然地將自己的六百萬元資金投進了一支當時極被看好的股票，準備狠賺一筆短線收入。

最初的幾個星期裡，那支股票果然如專家所預言的那樣「節節高升」。正當李明沈浸在股價上漲的喜悅中，繼續期待「錢景」的時候，大盤走勢忽然一百八十度大轉彎，直線向下。他所持有的那支股票也是一路下滑，但股價的連續下跌並沒有讓他醒悟過來，而是繼續期待著股價翻身。結果等待他的是股價巨幅縮水，就和許多股民一樣，李明被深深地套牢了。

在被套牢的日子裡，李明才意識到自己的投資策略有問題。他終於明白自己犯了投資學裡最大的忌諱——把所有的雞蛋放到同一個籃子裡。他的六百萬元資金集中於購買一支股票，不能有效地分散風險；他的心太「貪」，在可以拋售獲利的時候沒有及時出手，而是寄望於股價繼續上揚；他對「停損點」沒有概念，在股價下挫的時候，沒有「該出手時就出手」，還是期待著股價回到自己入市時的價位，希望就算沒有回報，也不能虧損。如今，股價一跌再跌，拋售就如同「割肉」一樣，實在是捨不得。

到後來，母親被檢查出患有早期惡性腫瘤，急需一筆治療資金。李明萬般無奈，只得將股票拋出，拋出價爲三百六十萬元。

這一進一出，李明的六百萬元資產縮水了四〇%。

李明還有一筆帳沒有算進去。那就是他在二〇〇一年出售的那間房子，二〇〇二年末價格已漲到七百五十萬元。也就是說，他實際損失的不僅是四〇%，而是五二%。

遭遇和李明一樣的人不少，如果妳也有這樣的遭遇，那還不如不投資。李明拿變賣房產獲取的資金進入股市，遭受的損失還要把房產的升值算進去。假如僅僅以現金來計算，把錢放在銀行裡，每年賺個一%至二%的利率，總要比李明拿這種風險高的理財賠掉五二%要好得多吧！

是否擁有正確的理財觀，會決定妳的財運和「錢」程。

人人都說「天下沒有白吃的午餐」，但是一旦介入對自己具有致命吸引力的投資市場，就會完全無視於隱藏在高報酬後面的高風險，而在貪婪的驅動下，嚐到「追高殺低」的苦果。正確的理財方法是講求在可承擔的、必要的風險下，以時間財富的合理增值換取成果。

建立正確的理財觀

什麼才是「正確的理財觀」？這個話題太大，大到可以出一本書，總而言之，正確的理財觀涵蓋了以下幾點。

第一，理財目標。每個人理財目標最終都不盡相同，而理財過程是唯一相同的，就都希望能讓自己有限的資金經由正確的理財規劃積累成大額財富，以便實現自己想要過的生活。在人生的不同階段，理財目標也不一樣。二十歲出頭剛剛踏入社會，年輕的我們想要自己的第一間房子、第一部車；三十歲的我們想要給情人舒心的生活和享受；四十歲的我們想給子女優秀的教育；五十歲的我們開始籌劃自己的養老計畫。理財這個事業需要一段很長的時間經營，人生的各個階段要設立不同目標。

第二，風險承擔能力和目標報酬率。有計畫地執行才能事半功倍，理財也不例外。正確的理財觀，要求我們根據自己現有條件和對日後生活的期望值，確定自己的目標報酬率和風險承擔能力。要知道，報酬率和風險程度就是理財的雙刃劍。透過衡量報酬率和風險承擔力，確定適合自己的可行目標報酬率。說到目標報酬率，求「財」若渴的很多人當然希望報酬率越高越好，每年二〇%至三〇%的報酬率，使資本迅速翻倍。如果抱有這樣的想法，我只能給妳潑一盆冷水了。暴富多少要靠點運氣，譬如，買樂透中了五百萬元的大獎。

如果妳今年二十八歲，每個月的薪水是五萬元，理財目標是一間八百萬元的公寓、一輛一百萬元的車子、在六十歲退休的時候擁有資產一千五百萬元，那麼，妳只需要每年追求六%的報酬率就夠了。

要從哪裡尋覓報酬率六%以上的投資工具呢？這就涉及到理財觀裡的第三個概念。

第三，資產的配置要合理。無論妳的資本有多少，都必要做適當的配置。專業人士經常指出，九〇%以上長期投資盈虧的關鍵因素來自於資產配置。資產配置，簡單地說，就是不要把所有的雞蛋放在一個籃子裡。各式各樣的理財工具多如牛毛，不同的理財產品有不同的報酬率和風險，但是它們的價格在不同程度上是具有相關性的。其實有效率的投資組合，也可以降低投資的價格震盪，不必犧牲投資報酬率。以現金、債券、股票和不動產四大類別的資產配置來理財，是現在大部分人的選擇。

最簡單的資產配置是把錢分成兩個部分，一部分放在風險最低的定期存款、貨幣市場基金和國債；一部分可以放在風險高、報酬率也高的股票或是基金上。做好最簡單的配置，妳只要把二〇％的精力放在理財上，用八十％的精力去提升自己的專業競爭力和享受幸福生活，豈不是理財並快樂著！

第四，理財的風險管理和程序控制。長期理財最困難的時期，就是剛開始理財的時候。很多人在剛開始理財的時候，往往懷著滿腔熱忱，期待能夠立竿見影，迅速改變自己的財務結構，擴大自己的財富。過了一段時間，好像預期的目標沒有能夠實現，最初的熱情逐漸冷卻，乃至放棄。其實，就和理財觀裡首要的一點——理財目標的設定一樣，理財過程是一個長期的、貫通一生的過程。在整個理財過程中，要不斷地檢查理財的實施情況，適時根據市場行情的變化，對於理財目標和理財規劃做出調整，並且還要多聽取專家的意見，加強對風險的管理和控制。

第六堂

幸福家庭的財務計劃

印鈔機，可以使人賺錢；提款機，可以使人花錢；數鈔機，可以使人存錢。只有把三機連為一體的人，才是理財高手。我們要講究「價與值相當」的花錢哲學，理財絕不只等於投資，理財是處理「錢進」與「錢出」的行為，誰能讓兩者間的剩餘最大化，誰才是理財贏家。亞里斯多德說：「家政學是一門研究怎樣理財的技術。」

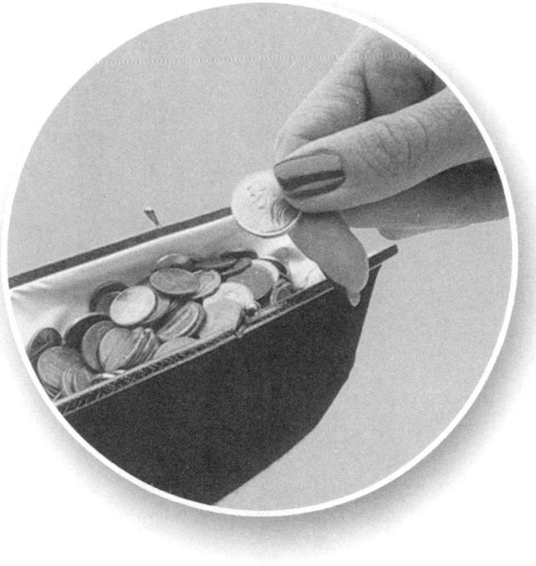

第一節　花錢也是理財

印鈔機，可以使人賺錢；提款機，可以使人花錢；數鈔機，可以使人存錢。只有把三機連爲一體的人，才是理財高手。我們要講究「價與値相當」的花錢哲學，理財絕不只等於投資，理財是處理「錢進」與「錢出」的行爲，誰能讓兩者間的剩餘最大化，誰才是理財贏家。亞里斯多德說：「家政學是一門研究怎樣理財的技術。」

人要學會用市場經濟的觀念去賺錢，用計畫經濟的思想去花錢，唯有這樣，妳的錢財方能愈聚愈多，就會由窮變富。怎樣用市場經濟的觀念去賺錢，用計畫經濟的思想去花錢呢？人的一生都是在賺錢與花錢中度過的，人從獨立生活起，就面臨著理財的挑戰。隨著社會保障體系的健全，每個人正從單位人向社會人過渡，也必須爲自己的一生做最好、最充分的打算。

想使自己擁有更多的金錢，不僅要學會賺錢，還要學會合理的花錢。消費也是財務計畫的重要組成部分，合理的消費能減少今後的投資成本。理財需要持之以恆，適當調整自己的消費習慣，絕對可以將自己的錢財打理得井井有條。會花錢也是決定家庭經濟最關鍵的一項因素。

對於辛辛苦苦掙錢和一點一點存錢的上班族來說，花錢是需要條理的。妳希望買車、裝修房子、栽培孩子……這些都要妳錙銖必較，聚水成河。記「流水帳」是幫助妳控制家庭財務的一個好辦法，看似原始，實則有效。養成每日記「流水帳」的習慣，不僅可以使妳對錢的去向一目了然，而且漸漸悟到一些心得，摸清哪些花費是必要的，哪些「意外開支」是可以避免的，哪筆開支是可評估其必要性。人總會衝動的想去做一些事，對於受薪階層來說，「衝動性消費」是理財大敵。例如，看到打折就興奮不已，在商場泡上半天，拎出一大包便宜的商品。看似得了便宜，實際上買了很多並不需要，或者暫時不需要的東西，純屬額外開支。一般來說，記「流水帳」對於那些「衝動性消費」的人是最好的良方。

然而，消費不同於別的只發生於一定時間和一定範圍內的事，人只要活著就離不開消費，即使離開家（比如去旅遊）也仍在消費，對時間如此長、範圍如此廣的消費，若是一筆不漏地進行記錄那不累死人了？當然不能這樣。管理的重點是錢花得是不是地方、是不是應該花，所以對於日常生活頻繁發生又具有重複性的零星消費不必筆筆管理，只控制一個總金額即可，即使發生失誤，損失也不大。而對於購買次數很少的大宗消費，比如家電，要著重管理，不能發生失誤。只有這樣，我們才可以做到既不花太大的時間和精力，又對消費有效加以管理。

有句話說得眞好，花錢容易掙錢難，受薪階層的資產不多，增值有限，而節約消費則大有潛力。理財計畫的關鍵在於嚴格執行，否則只是紙上談兵。

常言道，能省不如會花。這句話說得沒錯，好鋼用在刀刃上，花錢花在根節上。減少盲目性、衝動性消費，不要看到「打折」就想買，一見「便宜」就掏錢，買一堆東西壓箱底，用之不當，棄之可惜。

一個家庭怎樣安排薪資收入呢？就是支出總數要與支付能力相稱，原則是「量入爲出，略有結餘」。人要學會掙錢也要學會花錢，但是錢要花就花得適得其所，不要隨隨便便的花。要做到這些，就要符合三個原則，一是「有錢不買半年閒」，不是經常穿的、用的衣服，最好不買；二是「看菜吃飯，量體裁衣」；三是「精打細算」。做到這三點是致富的起點。

一位朋友去年花三萬多元買了一部冷氣，比當時的同類型冷氣機價格貴了一倍多，別人都不認同這種做法，認爲他買太貴了，但他認爲，一分價錢一分貨，買一件耐用商品，不光看價格，還要看它的性能。經過去年的使用，果然貴得有道理。冷氣的雜音小不用說，主要是該冷氣比較省電，一年下來，電費節約不少。

在耐用消費品上一味地節儉，其實是將耐用消費品非常「奢侈地」拆成了一次性消費。如，妳買一臺一萬多元的冷氣，用電可能會增加，那麼每月的電費都在增多，小數怕長計，幾年下來，電費累積可能超過妳當初省下來的購機錢，所以，不是一味地買便宜貨就好，適度買一些價格貴的耐用品，可能會有意想不到的收穫。

當然，如果明明是一塊錢能做的事，偏要花兩塊錢，這樣的做法就不宜提倡。計畫開支、節制欲望，也是是理財生活的基本要求，只有這樣我們才能聚財。

學會適度花錢，比學會賺錢還要考驗人的智商，只有適度地花妳賺的錢，才能享受高品質生活，這也是一種無形的理財方法。

花錢是促進家庭和睦的重要因素，收入多少、支出多少都要進行民主討論，花錢得當，必然會令全家滿意。花錢要有目的，如果有錢就花，其後果必然是「見啥買啥亂花錢，萬貫家產終散去」。花錢是爲了滿足生活之必須，而且還要過得好。即使家庭很富裕，也不能漫無目的地亂花錢。

第二節　使妳生活得更好

同樣的錢所能買到的東西，比起十年前或者五年前都要少得多了。錢變薄了，生活水準提高，我們的孩子所需要的教育費用更加複雜和昂貴。大家都認爲，只要收入增多一些，我們所有的憂慮就可以解決了，這是一個普遍存在的錯誤觀點。專家們說，事情並不是這樣。

艾爾西·史泰普米區曾經擔任華納莫克和吉姆貝爾百貨公司的財務顧問。他認爲，對大部分人來說，增加收入只是造成花費的增加。加拿大的蒙特利爾銀行勸告顧客們要學習精明地花費，也許就會有大筆收入的機會。

對於金錢易賺易花、毫不看重的樂天派哲學，曾經在書本上和戲院裡給了我們許多有趣的笑料。我們都會取笑電影裏那位老紳士，他不相信所謂的所得稅，而又拒絕繳付。當大衛·考伯菲要教他的年輕新娘朵拉按照收入預計開銷的時候，朵拉就噘起嘴撒嬌，她是個可愛動人的角色。狄更斯筆下浪費成性的麥考柏先生，也是文學上討人喜愛的角色之一。

在小說裡，迷人和不負責任常常會同時出現在一個吸引人的角色身上。但在現實生活裡，沒有其他事情會比理財上的失誤更使人傷心的了。

開銷超過收入的人無法逗人發笑——他是個糟糕的冒險家。

腦筋糊塗、奢侈浪費的妻子也不會迷人——她是纏繞在丈夫脖子上的一個重擔。毫無計畫地花費，就等於讓每個人，包括肉販、麵包商和服裝商人都來分享妳的收入。有計畫或是有預算的花費，可以保證妳和妳的家人從收入裡得到公平的分享。

預算並不是一件束縛行動的緊身衣，但也不是毫無目的地把花掉的每一分錢都做個記錄。預算是一張藍圖，一個經過計畫的方法，幫助妳從妳的收入中得到更大的好處。正確的預算方式，將會告訴妳如何達成目標，使自己的子女大學教育費用以及妳的老年保險金充裕，並實現妳夢想中的假期。

預算開銷可以幫妳刪減那些不重要的支出，從而填補妳想要做的大花費。如果妳從沒有做過預算，現在就應該馬上開始學習如何處理家庭財務。

幫助丈夫成功的一個最重要方法，就是要知道如何使他的收入發揮最大的效用。如果他會賺錢但是不會節省，可以幫助他管緊錢包；如果他本來就節省，妳可以在用錢方面表現出相同的看法，爲他增加信心。

婦女雜誌是家庭經濟知識很好的來源。它將會告訴妳如何縫補舊衣服、如何烹調有營養而價格低廉的餐點，甚至還告訴妳如何製造自己的傢俱。不可以依賴妳無意中發現的、任何一種已經預算好的計畫表。家庭預算計畫必須是量身訂做的，不適合其他任何人。沒有其他的家庭會和妳們家庭完全相同，妳的經濟問題就像妳的臉孔和身材那樣，是獨具特色的。

以下有些建議，可以幫助妳完成自己的家庭預算計劃。

一．記錄支出

除非我們知道錯在哪裡，否則就無法改進任何情況。如果我們不知道在何處刪減，爲什麼要刪減，以及刪減什麼，節約就變得毫無意義了。所以我們應該在一段示範期間，記錄下所有的家庭開銷，例如記錄三個月看看。

每年一次，我把這些每月花費加起來，結果就能夠很精確地知道，某某年我們在食物方面花了多少錢，或燃料費、水電費、娛樂費等方面的開銷。同樣還可以使用這些記錄，查出我家的生活費增加情況。一旦知道錢花到哪裡去以後，就不必再做這種記錄了。但我還是很喜歡手邊有這種資料。例如，如果懷疑自己花太多錢買衣服了，我只要看一眼記錄就知道眞相了。

有對夫妻開始記錄花費情形以後，竟發現他們每個月花掉大約五千元去買酒。他們並不是酒鬼，只是一對熱情的夫婦，很歡迎自己的朋友「到家裡來喝一杯」。這種事情時常會發生。他們做了一個明智的決定，認爲家中不能再開免費酒吧了，於是那五千元就用於更有用的開支。

二．設計預算

首先要把這一年裡固定的開銷列出來，如房租、食物預算、利息、水電費、保險金。然後計畫其他的必要開銷，如衣服、醫藥費、教育費、交通費、交際費等。

我們都知道這是件不容易的事情。擬定計畫需要決心與家人合作，有時候還需要嚴謹的自制力。我們不可能買下每一件想要的東西，一旦我們可以決定什麼東西對自己最重要，就可以犧牲最不重要的東西。妳願意擁有一個舒適的家，而放棄買昂貴的衣服嗎？妳會寧願自己做衣服，將節省下來的錢買一臺電視機嗎？顯然，這些決定必須由妳和家人來做。

三. 保持儲蓄

先規定妳自己至少要把十分之一的收入儲蓄起來，或拿去投資。妳還可以想辦法建立一筆額外資金，拿來做特殊用途，譬如買房子或汽車。財務專家說過，如果妳能節省家中收入的十分之一，不到幾年妳也可以獲得經濟上的舒適。

有個頑固、保守的新英格蘭人，寧願在中央車站廣場脫光衣服，也不願放棄節省十分之一薪水的計畫。他的太太說，在經濟不景氣的那幾年，他們吃盡了苦頭，她先生的薪水被刪減得太多了。她買日用品的時候，必須想盡辦法節省每一毛錢。她丈夫每天要步行二十多條街，以省下公共汽車費。但是節省十分之一薪水的老習慣，仍然照樣進行。

這位女士承認，「有時候，當我們非常需要錢用的時候，我十分後悔還要把錢擱在銀行。但是我很慶幸我們現在還維持儲蓄計畫，這使我們到中年的時候擁有了自己的房子和一些享受。」

四. 準備應急資金

大部分預算專家都勸告每一個年輕家庭，至少要存下一至三個月的收入，用於緊急事件。但又警告說，想一口氣存太多錢的人，會發覺這是一件很難辦到的事，結果就存不了錢。與其斷斷續續地隔幾週才一次存五百元，倒不如每週固定存下三百元，效果會更好。

五．擴大預算範圍

信任是預算的顧問，預算計畫必須得到全家人的合作。要經常舉行家庭預算討論會，以減除情緒上的不和。因爲我們對於金錢的態度，都會受到自己的經驗與教育程度的影響。

六．購買人壽保險

瑪莉昂・史蒂芬斯・艾巴莉是人壽保險協會婦女部的主任。對全美國的女性來說，她所說的話就是人壽保險專家的看法，具有獨特的權威性。她建議當妻子的人應該自問以下這些問題：

妳可知道，透過人壽保險，妳的家庭能夠得到什麼基本需要？

妳可知道，一次付款和分期付款有何不同，而且各有各的哪些好處？

妳可知道，關於付款的方法有許多不同的選擇？

妳可知道，現代人壽保險具有雙重目的？如果一個人過早去世了，人壽保險可以保護這個人的家庭；如果他活著要享受餘年，人壽保險可以供給他獨立的基金。

這些問題以及其他許多相關的問題，對於妳的家庭非常重要。只有妳的丈夫知道答案，這還不夠，妳也應該知道這些答案。

賈得生和瑪麗南狄斯在他們合寫的《建立成功的婚姻》一書中告訴我們，家庭收入的花費，往往是婚姻生活裡必須調節、適應的主要重點。

金錢並非萬能，但是知道如何聰明地處理我們的金錢，就可以帶給我們的家庭更多心境的安寧、幸福與利益。

所以，妳不可幻想著自己的丈夫能像婚前，或是自己後來沒嫁的那個男人那樣，帶回給妳一大袋薪水，要知道妳自己的工作就是變成財務能手，好好處置丈夫賺回來的錢。如果妳想要激勵另一半賺更多，一定要按照上面的六大規則去做才好。

第三節　成功理財的第一步

理財其實就是透過適當安排和管理財務，從而實現自己人生目標的一個過程。這是一個長期的過程，要合理地安排並處理好支出和收入的關係、儲蓄和投資的關係、投資風險和收益的關係、家庭財務風險的控制和成本的關係等等。想致富就要做好兩件事，一是支出是否適當，二是合理配置家庭資金。

首先，理財應當注重的是收入和支出的安排。安排家庭支出的第一項，應當是我們的退休帳戶，也就是養老金。這就是我們常說的，「從工作的第一天開始，就應當爲自己的養老做準備」。

我們每個人拿到薪水的第一件事就是先還帳，無論是信用卡欠款還是房屋貸款，在我們有了收入以後，應當首先支付應付債務，因爲這些是強制性支出，它的額度不應超出家庭穩定收入的三分之一，否則債務負擔會很重。

其次就是爲自己和家庭消費安排保障，包括適當的商業保險和一定額度的應急金。對一般的家庭來說，商業保險的支出額度不應該超過收入的十分之一，而應急金應當是家庭平均每月支出的三～六倍。

安排好這些以後，才能考慮家庭日常消費。因爲家庭日常消費的彈性很大，不應當將全部可消費資金都花掉，而應爲未來的生活目標做好安排和累積。對於一個普通家庭來說，最基本的要求就是每月至少結餘收入的十%，用於長期積極的投資。十分之一是底線，也就是說，一般家庭至少要把收入的十分之一用於長期投資。其實在不同的人生階段，這個比例應當有不同。比如，單身期就應當將收入的更大部分結餘下來，用於安排結婚；而在家庭成熟期，應當將收入的更大部分結餘下來，用於安排養老的需要。

至於爲了興趣、愛好而從事高風險投資的人，則是應當將上述各項都安排好以後，若還有充裕的資金才考慮。

養老金、保險、應急金等內容屬於妳的防守部分，它們通常不會產生較大的收益，但構成了一個家庭安定生活下來的保障。家庭資產的第二部分是存款、債券、基金、股票、房產等投資管道，這些是大多數家庭資產投資的主要管道。

家庭應當以怎樣的比例來配置資產投資組合才算合理，這是非常複雜的問題，沒有統一的標準，而且它是動態的過程。基本來說，一個好的家庭資產投資組合，應當要考慮到三個方面：一是天時，二是地利，三是人和。

「天時」就是投資的組合一定要順應市場環境、經濟環境和投資環境的變化而變化，要順勢而爲。

「地利」是要對各種投資管道和產品的特點，及其在不同時期的特徵有正確的把握，選擇當時當地最適合的投資方式。

而「人和」，則需要考量每個人的經濟情況、理財目標、風險承受度以及投資偏好等方面，選擇最適當的投資管道和投資方式。仔細考慮這三方面而做出的投資組合，才容易成功。

在利率低而經濟保持快速、穩健發展的時代，我們的投資，特別是收入比較高的年輕白領，應當採取相對積極、進取的投資思路。在這個前提下，非固定收益投資就應當成爲我們投資的主要方向，尤其以證券投資、房地產爲家庭資產的主要選擇。

當然，家庭資產的配置還需要考慮多方面的內容，包括時間、幣別和地域等各方面的內容。

不管妳現在的收入如何，在致富的機會面前人人是平等的。我認爲，致富與收入關係並不大，主要決定因素在於是否以科學的態度和方式來安排好家庭的每一項財務。

理財其實不難，從瞭解收支狀況、設定財務目標、擬定策略、編列預算、執行預算到分析成果這六大步驟，可以輕鬆地進行個人財務管理。至於要如何預估收入、掌握支出，進而檢討改進，則有賴於平日的財務記錄，簡單地說，記帳是理財的第一步。

記好賬目，輕鬆理財

一提到財務報表，很多人都會覺得頭痛，其實只要肯花時間，從每天的記帳開始，把自己的財務狀況數字化、表格化，不僅可以輕鬆得知財務狀況，更可替未來做好規劃。

記帳貴在清楚記錄錢的來去。從平日養成的記帳習慣，可清楚得知每一筆花費的多寡，以及需要是否得到適當滿足。通常在談到財務問題時有兩種角度，一種是錢從哪裡來，另一種是錢到哪裡去。每日記帳必須清楚記錄金錢的來源和去處，也就是會計學所稱的「複式會計」。

一般人最常採用的記帳方式，是記流水帳，按照時間、花費、項目逐一登記。若要採用較科學的方式，除了忠實記錄每一筆消費外，更要記錄採取何種付款方式，如刷卡、付現或是借貸。資金的去處分成兩部分，一是經常性方面，包含日常生活的花費，記爲費用專案；另一種是資本性，記爲資產專案。資產提供未來長期性服務，例如，花錢買一臺冰箱，現金與冰箱同屬資產專案，一減一增，如果冰箱壽命五年，它將提供中長期服務；若購買房地產，同樣帶來生活上的舒適與長期服務。經常性花費的資金來源，應以短期可運用資金支付，如吃東西、購買衣物的花費，應以手邊現有資金支付；若用來購買房屋、汽車的頭期款，則運用長期資金，而非向親友借貸，或是以短期可運用資金來支付。

分類記帳，一目了然

家庭記帳能使家庭成員對自家的經濟收支及其結餘情況心中有數，又能使家庭成員本著先收後支、量入爲出的原則，有計畫地、合理地安排開支，節省費用。透過記帳，還能爲制訂下年度家庭經濟收支計畫提供參考資料，有利於家庭理財。一般說來，家庭理財記帳要分爲三類：

理財記帳本。其帳簿可採用收入、支出、結存的「三欄式」，將收、支發生額以流水帳的形式順時逐筆記載，月末結算，年度總結。同時，按家庭經濟收入（如薪水收入、經營收入、借入款等）、費用支出（如開門七件事、添置衣服等費用）專案設立明細分類帳，並根據實際金額進行記錄，月末小結，年度做總結。

發票檔案本。主要收集購物發票、合格證、維修卡和說明書等。當遇到用品故障損失時，購物發票無疑是消費者討回公道、維護自身合法權益的重要憑證，所以一定要妥善保存。

金融資產檔案本。能及時將有關資料記載入冊，當存單等票據遺失或被盜時，可以根據家庭金融檔案查證，及時掛失，以便減少或避免經濟損失，這實際上是家庭隱性理財的一個環節。銀行扣繳單據、捐款、借貸收據、刷卡簽單及存、提款單據等，都要一一保存，最好放置固定地點。

管理好開支流水帳

個人或家庭都會有不時之需，要因應這些不時之需，需要記好開支流水帳，管好妳的血汗錢。

應急基金一般不應少於三至六個月的個人或家庭月度經常性支出總額。這部分基金是救急用的，因此它的安全性是第一位，千萬不可用這筆資金投機。每個人都會有固定消費，比如租金、汽車、教育、贍養費等。它們從妳拿到薪水的那一刻起，就和所得稅一樣，完全不屬於妳自己了。建議妳把這部分錢放到固定的活期存摺中。

務必製作一份家庭收支時間表或財務計畫。如果條件允許，建議拿到薪水的第一時間，便為自己取出其中的十～十五％，用以股票、基金、債券等長期投資。

還要隨時記錄投資。即使是最簡單的儲蓄，知道錢財在什麼時間、什麼位置是一種很好的感覺，也是賺錢的鼓舞。

不少人對自己每月花費的去向並不瞭解，他們一般月初手頭比較寬裕，一到月底口袋僅剩幾百元。因此建議堅持記三至六個月流水帳，看看自己的花費主要有哪幾類，是否可以消減或剔除。

第四節　理財的六大盲點

理財就好比是馬拉松賽跑，中途跑得快並不代表最後能夠獲勝；評價理財的成果要從長期來看，如果一味看重短期成果，將會影響到理財計畫的實施。

幾乎所有的人在理財觀念上都存在著盲點，影響了他們順利達成理財目標。以下六大理財盲點，也正是影響投資理財成功與否的六大關鍵。

第一　看重短線，忽視長線

在股市投資中有句俗話：「短線是銀，長線是金。」意思是如果妳看得準大趨勢，就應該長線持有；就算妳是短線高手，也並不能總是戰勝長線投資者。可能有人會問，股市總是漲跌互現，如果短線能夠踏準行情，收益不就超越長線持有了嗎？但事實上，這種成功的投資者微乎其微，就算是再專業，也很難戰勝長線投資。

第二「一朝被蛇咬，十年怕草繩」與「好了傷疤忘了痛」

有位陳先生三年前與朋友合夥開公司，由於種種原因投資失敗，損失慘重。一年前，朋友有一個很好的專案邀請他參與，但陳先生由於上次投資失敗，堅決搖頭不幹，錯失了一次絕好的投資機會。可是他在股市投資上可謂前仆後繼，每一次遭遇套牢後，總說以後不炒股了，但等到股市回暖，又躍躍欲試，也從不記取以前的教訓。像這樣的投資者比比皆是，而這兩種理財投資方式恰恰相反，卻都是理財的大忌。

第三　投資只看收益，不關心風險

收益和風險是緊緊相連的，它們就好像是孿生兄弟，永遠結伴而行。一般而言，收益越高，風險越大，兩者呈正比例關係。不過很多投資者在做出一個投資決策的時候，往往只考慮收益，卻忽視了風險。金融機構在推薦投資產品的時候，也往往將風險隱藏起來，總是把收益描繪得很漂亮。其實理財的一個重要作用，就是在既定的收益水準下儘量降低風險，或者在相同風險程度下儘量提高收益。奉勸投資者們，在投資前，除了關注收益外，還要看到收益背後的風險，以免遭受蒙在鼓裡的損失，到那時欲哭無淚。

第四．過分注重本金安全

每個人都不想失敗，而每一位投資者也都不想遭受損失，特別重視本金的安全，但是很多投資者把本金的安全看得過分重了。由於每個人的風險承受能力不同，理財的目標也不同，如果一味看重本金的安全，就會影響到投資的表現。前幾年，海外市場的保本基金銷售情況非常好，原因就在於保本。不過後來市場環境趨好，使得更多的投資者判斷基金的表現會很好，也就願意承受一定的風險來獲取較高的收益，這並不表示投資者不關心本金安全的問題，而是投資者應該在投資前明白投資環境的變化，不斷調整自己的投資策略。

第五．事必躬親，忽視專業化仲介服務

張先生兩年前看中一間店面，各方面都很滿意，他志在必得，於是請了評估公司對那間店面進行評估，又花費重金聘請了房產律師。由於店面價格上漲迅速，剛簽訂合約，就漲了近一成。原本賣方不想出售，由於律師提早介入，在簽訂買賣合約的時

候設計了高額違約金條款，使張先生順利購得了那間店面。只有多借助律師、會計師、評估師等專業化的服務，才能在投資理財過程中少走冤枉路，快速到達目的地。

第六．投資金融產品可以迅速致富

有太多人會把理財與發財混在一塊，認爲投資金融產品就一定可以迅速致富。在前幾年的股票市場上，這種錯誤觀念尤爲盛行。據調查統計，全球的富豪中，透過自己創業而致富的比例占六四％，只有七％的富豪是透過投資金融產品致富，畢竟世上的天才是很少的，如果每個人都是天才，那世上就沒有天才了。

富人如何投資？

富裕的家庭投資方式非常多，股票、企業、房地產、國庫券、收藏品、企業債券都納入他們的投資範圍。調查資料顯示，富裕家庭大多數都參與了各式各樣的投資活動，而且投資十分活躍。富裕家庭選擇最多的是股票投資，居第二位的是房地產，商業和服務業居第三位。富裕家庭很注重教育，在有子女就學的家庭中，每戶支付給子女的教育費用累計已經超出了普通家庭兩年多的收入。

第五節　養成儲蓄的好習慣

追蹤世界上大大小小企業家成功的創業經驗時，可以發現他們都有良好的儲蓄習慣。即使是在他們經濟條件並不寬裕時，也會努力節食縮衣，一點一點積攢儲蓄。一旦面臨機遇時，這辛苦存下的錢便成爲他們成功的起點。

有位年輕人從賓州的農業區來到費城，進入一家印刷廠工作。他的一位同事在銀行開了一個戶頭，養成每週存款五美元的習慣。在這位同事的影響下，年輕人也在銀行開了戶。三年後，他有了九百美元的存款。當他聽到自己工作的這家印刷廠發生財務困難，面臨倒閉時，他立刻拿出自己存起來的九百美元挽救這家印刷廠，因此獲得了印刷廠一半的股份。

他制定了嚴格的節約制度，協助這家工廠付清所有債務。由於他擁有一半的股份，所以每年可以從這家工廠拿到二萬五千美元的利潤。假如他那時未養成儲蓄的習慣，那麼他永遠不會獲得這個機會。

石油大王洛克菲勒十六歲開始闖盪商界，他最先是在一家商行當簿記員。這時的他已從母親那裡繼承了清教徒式的節約習慣。雖然月薪只有四十元，他仍然把大部分錢積蓄起來，爲日後的投資做準備。兩年後，他開始做臘肉和豬油的投機生意，成爲一個小有資本的商人。這時他仍然保持著儲蓄的好習慣，要爲今後的大投資做準備。機會來了！一八五九年石油業掀起熱潮時，他憑靠長期積蓄的財力，買下了一家煉油廠的產權。這就是他賴以起家、登上石油大王寶座的「標準」新煉油廠。經過二十年的經營，洛克菲勒控制了美國九〇%的煉油業，成爲億萬富翁。他成功的基礎，就是從十六歲時養成的儲蓄習慣開始的。

對於一個想要成功的人來說，養成儲蓄習慣是非常重要的。如果平日出手闊綽，花錢沒有節制，到了真正需要現款投資時，就會束手無策，眼睜睜看著機會讓有存款的人抓走。洛克菲勒若不是有長期儲蓄的現款做後盾，就無法與競買對手比價，從而買下煉油廠；如果沒有煉油廠，這個億萬富翁的洛克菲勒就很難出現了。

洛克菲勒的成功還在於他勇敢購買了一片不被人看好的油田。這個油田的原油叫做「酸油」，誰也找不到一個好方法有效提煉它。但這片油田價格低得驚人，產油量極高，洛克菲勒狠下心要買。他說服董事們，用八百萬美元一次買斷油田。如果要讓油田成爲「搖錢樹」，首先必須解決提煉問題。洛克菲勒找來專家進行研究。研究了兩年仍沒成果，董事們認爲毫無希望，拒絕再提供經費。這時，洛克菲勒便用自己的積蓄，自費支援研究。研究終於成功，這片八百萬美元收購的油田，獲得了幾億美元的利潤。這次非凡的投資，同樣是儲蓄的習慣在關鍵時刻發揮了巨大效益。

難怪洛克菲勒說：「對標準石油公司的成就來說，有足夠的金錢和信用與其他方面一樣重要。」

儲蓄的習慣還有一個好處，就是在妳需要向別人借款時，妳的儲蓄習慣能幫助妳。許多生意人不會輕易把自己的錢交給他人處理，除非他看到此人有能力照料他的錢，並且能妥善加以運用。金融家摩根就說過：「我寧願貸款一百萬元給一個品德良好，且已養成儲蓄習慣的人，而不願貸款一千元給一個品德不佳、只會花錢的人。」洛克菲勒在發展石油事業中，也因急需資金，需要借款。還好他的儲蓄習慣已證明他能夠維護其他人的資金，這使他不費力地借到了所需要的資金。

積極儲蓄是避免不安，並且在發生個人債務帶來極端窘境時的一個紓困辦法。

當然，儲蓄的作用不只在於能夠讓妳花費所存的錢而已，還能讓妳培養按照需要來估量金錢的習慣。

儲蓄是革除浪費的好習慣。當儲蓄透過習慣成爲一種需要時，妳會發現靠同樣的薪水也可以過得和以前一樣好，即使在物價上漲時也是如此。這是因爲妳不再把錢浪費在不需要的或瑣碎的花費上；用東西時會更小心，也會仔細保存衣物和其他的所有物。妳會瞭解如何讓金錢發揮最大的效力，不會爲了增加銀行的存款而強迫自己過窮日子；可以繼續以平常的水準來生活，同時也能儲蓄。

至於妳應該如何處理存下來的錢？這並沒有一個可適用於每個人的確切答案。妳一定看過或聽過許多小筆儲蓄，用於投資獲得了好幾倍的回報。要記住，機會出現時，有儲蓄的人便能利用儲蓄而無需借錢，讓自己負債。

一對年輕夫婦一直負債。一天，那位太太計算了一下他們所付出的利息金額，才發現大得驚人。

他們開始疏遠一些一定要鋪張、炫耀才能享樂的朋友，然後又培養一些珍惜友誼勝過炫耀的朋友。他們每月開始存下十分之一的收入。一天，他們帶著錢去購物時發現一個交易的大道理——現金交易可以減價。

此外，那位丈夫也因爲不再負債又擁有儲蓄而覺得生活輕鬆，讓自己更有信心了。一天，他的雇主不經意問他是否在當地銀行有存款（其實就是在問「你存錢嗎？」），他自信而肯定地回答「是」。結果他獲得了升遷。儲蓄是人格的一個指標，因爲它和每個人的企圖心與處理事務的能力有很大的關係。

有一個人打算開始儲蓄，他首先建立一個目標，就是要購買一件體面的運動夾克，在工作以及休閒時間都可以穿。他設定的價格是二十四．五九美元，但這個價格在當時是買不到同等夾克的。

這個人把連續兩週所花的每一分錢列出來，他瀏覽所列的單子，並開始和自己對話：

「你一週能放棄兩包煙嗎？」

「可以。」

「與其每天花十五分錢去讓人擦鞋，不如花一塊錢買擦鞋工具自己擦。」

「可以。」

「你願意讓午餐費少於一塊錢嗎？」

「我每天和一些喜歡美食的人一起享受……算了，我要讓自己的午餐低於一塊錢。」

「那麼，妳已經每週爲自己省下十塊錢了。」

「每週十塊錢！」他很驚訝。他在無需任何人監督的情況下，擺脫了許多小額、浪費的花費，他同時發現自己以現在的方式過得更好，而且也能儲蓄了。

無論妳是否缺錢用，建議妳列一張自己的單子。記下每週能省的各項金額，將它們加起來，想想那筆總數，然後問自己那筆錢在一週後、一個月後，甚至一年後能爲妳買到什麼。這個經驗是很重要的。如果沒有積蓄，我們的很多計畫都將毫無實現的可能。機會只提供給那些手中有餘錢的人，那些已經養成儲蓄習慣，而且懂得運用金錢的人。我們一定要養成儲蓄的好習慣，這不僅是我們做事的資本，同樣也是一種美德。

國家圖書館出版品預行編目資料

富媽媽贏在會理財／江心苓著.第一版——
臺北市：老樹創意出版；
紅螞蟻圖書發行，2009.05
面； 公分.——（New Century；5）
ISBN 978-986-85097-4-0（平裝）
1.理財 2.財富 3.金錢心理學
668 98004809

New Century 05

富媽媽贏在會理財

作 著／江心芯
文字編輯／胡小慧
美術編輯／上承文化有限公司
發 行 人／賴秀珍
榮譽總監／張錦基
出 版／宇河文化出版有限公司
企劃編輯／老樹創意出版中心
發 行／紅螞蟻圖書有限公司
地 址／台北市內湖區舊宗路二段121巷28號4F
網 站／www.e-redant.com
郵撥帳號／1604621-1 紅螞蟻圖書有限公司
電 話／(02)2795-3656（代表號）
傳 眞／(02)2795-4100
登 記 證／局版北市業字第1446號
數位閱聽／www.onlinebook.com
港澳總經銷／和平圖書有限公司
地 址／香港柴灣嘉業街12號百樂門大廈17F
電 話／(852)2804-6687
新馬總經銷／諾文文化事業私人有限公司
新 加 坡／TEL:(65)6462-6141 FAX:(65)6469-4043
馬來西亞／TEL:(603)9179-6333 FAX:(603)9179-6060
法律顧問／許晏賓律師
印 刷 廠／鴻運彩色印刷有限公司
出版日期／2009年5月 第一版第一刷

定價200元 港幣67元

ISBN 978-986-85097-4-0 Printed in Taiwan